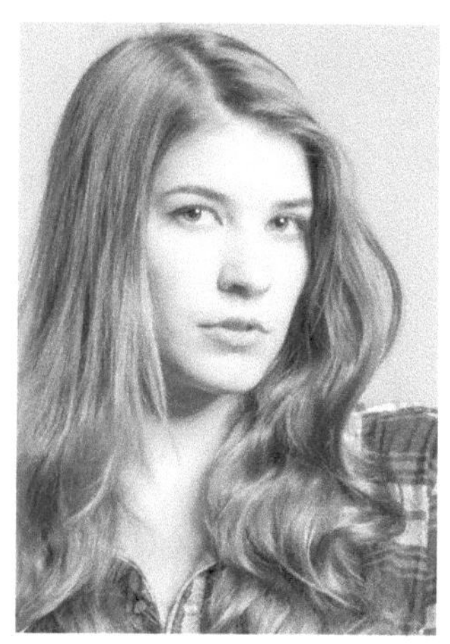

Name: Ionis Mordass

Größe: 1,60 m

Gewicht: 49 kg

Maße: 75 - 60 75

Schuhgröße: 37

Haarfarbe: braun

Augenfarbe: braun

Bereiche: Portrait, Fashion, Lifestyle

eMail: ionis.mordass@gmail.com

Fotos aus diesem Buch findest Du als Poster bei:

artflakes.com/de/shop/juergen

Impressum:
Autor: Jürgen Bedaam, Helmstedt

Herstellung und Verlag:
BoD Books on Demand, Norderstedt

ISBN: 978-3-8744-8966-96

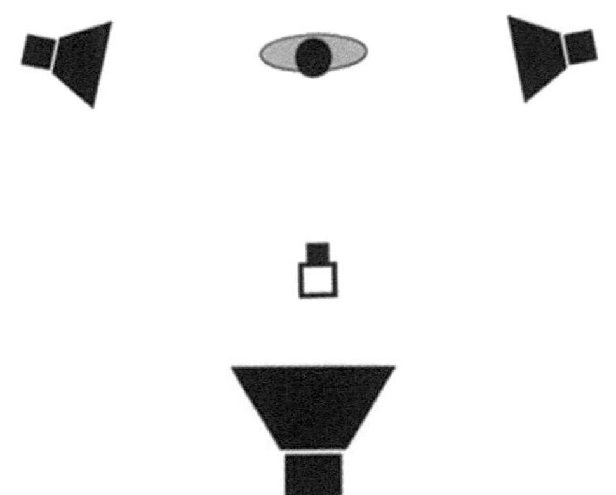

Zwei Softboxen je (80 x 100 cm)
eine links und eine recht.
Jede Box hatte einen Abstand zu
Model von knapp einem Meter.

Eine Octabox (Durchmesser 110 cm)
hinter der Kamera,
Abstand zum Model 2,5 Meter

Ich wollte helle, freundliche Fotos und
gleichzeitig ein Streiflicht um die Konturen
zu betonen.
Und letztlich entwas Gegenlicht in das
Objektiv für einen Flair.

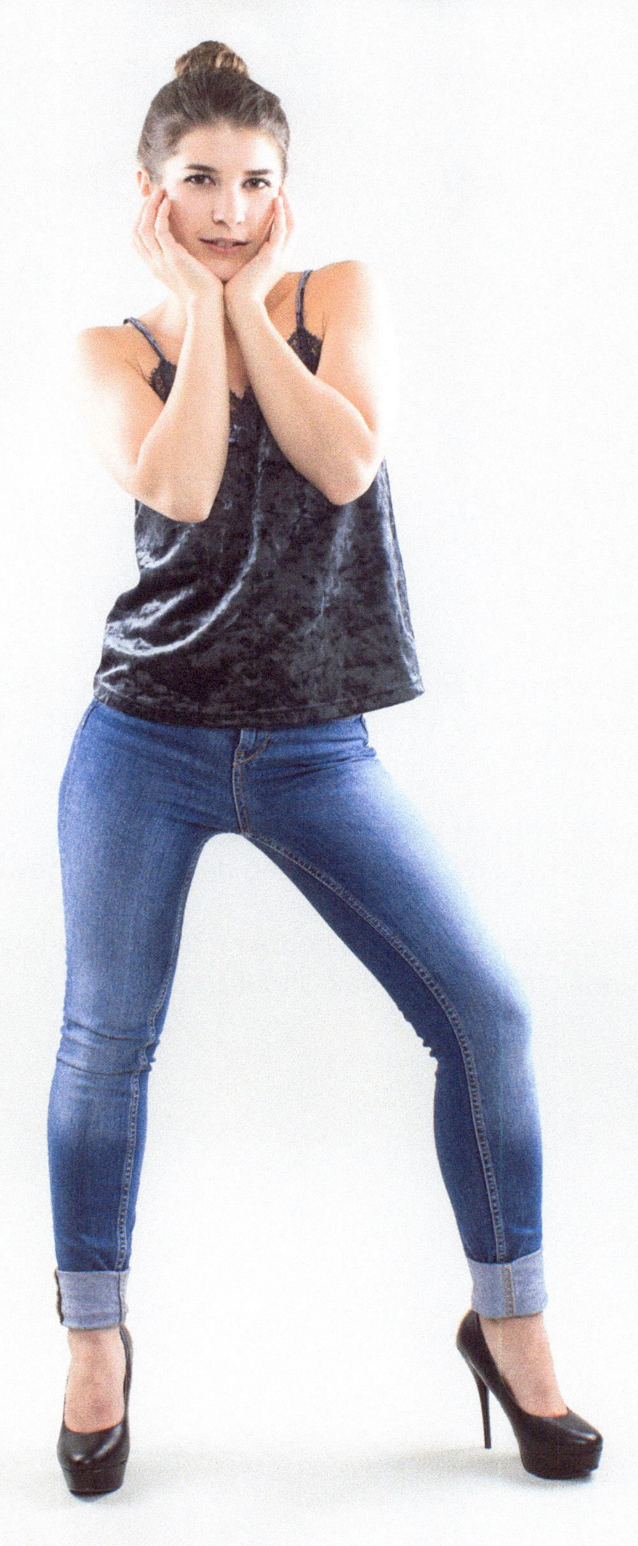

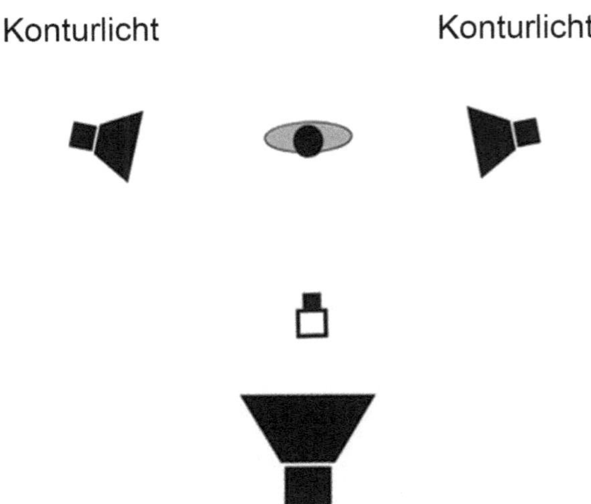

Das Konturlich wurde schräg zur Kamera hinangeordnet.
Damit bekam ich einen leichten Licheinfall in das Objetiv
für den Flair.

Warum kein Strip-Light statt der Softboxen ?
Weill ich helle Fotos haben wollte und dem Model Bewegungsfreiheit.

Durch die Breite der Softboxen konnte ich nochmal Licht-Akzente Setzen
was das Streiflicht und das Flair angeht.

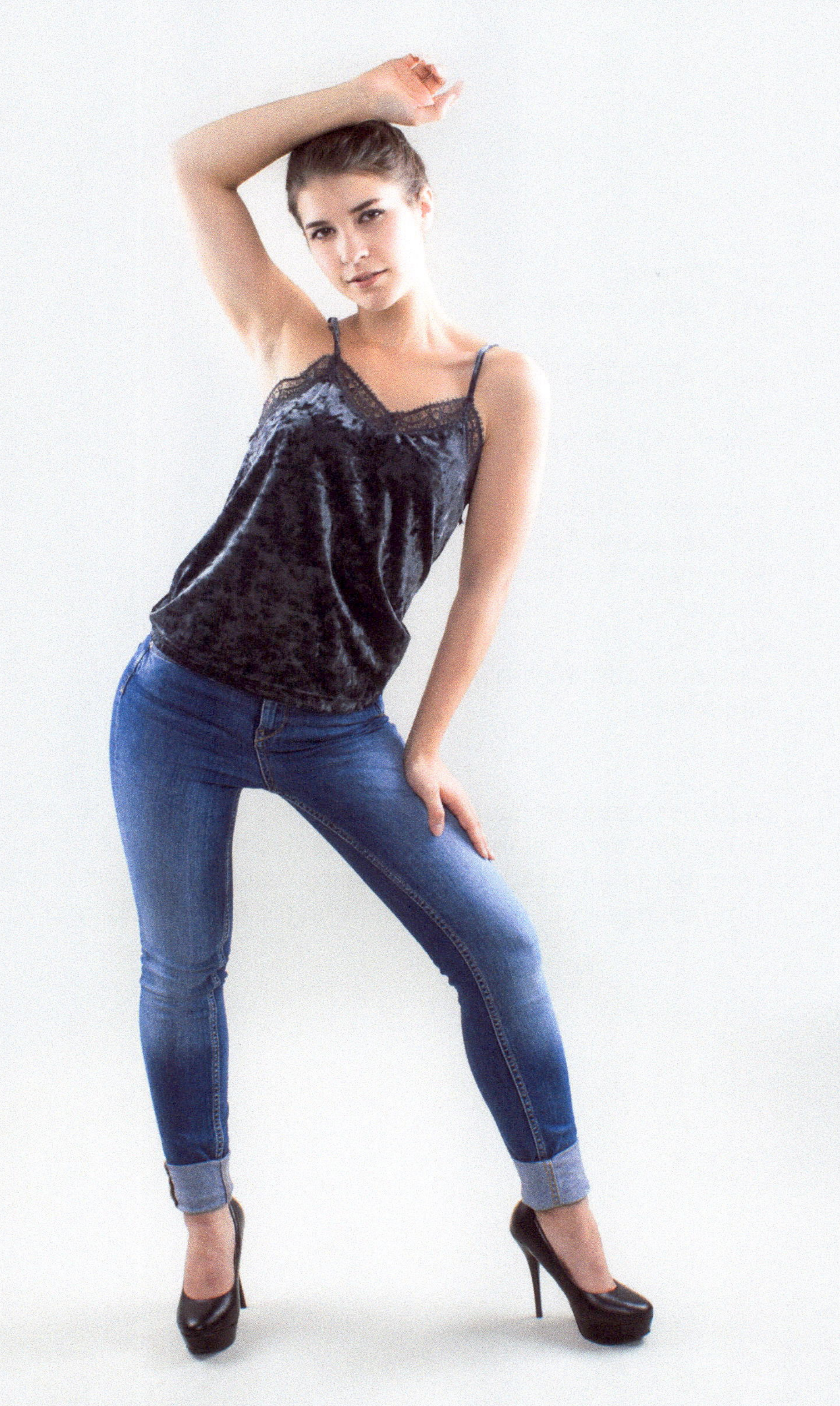

Zur Kamera
und Kameraeinstellung:

Canon EOS 550 D

Objetiv: 18 -55 mm

Eingesetzte Brennweite 35 - 40 mm
Bei den Jeans Fotos:
Belichtung: 1/125
Blende f 11
ISO 200
Messmethode: Mittenbetonte Messung
Einzelfokus

Die Messmethode hat keine Auswirkung auf die „Lichtmessung“,
da der Belichtungsmesser die Blitze (Licht) gemessen hat.
Mittenbetonte Messung war lediglich dafür eingestellt, umd vom
„Umgebungslicht “ der Blitze mehr in die Bildberechnung zu bekommen.

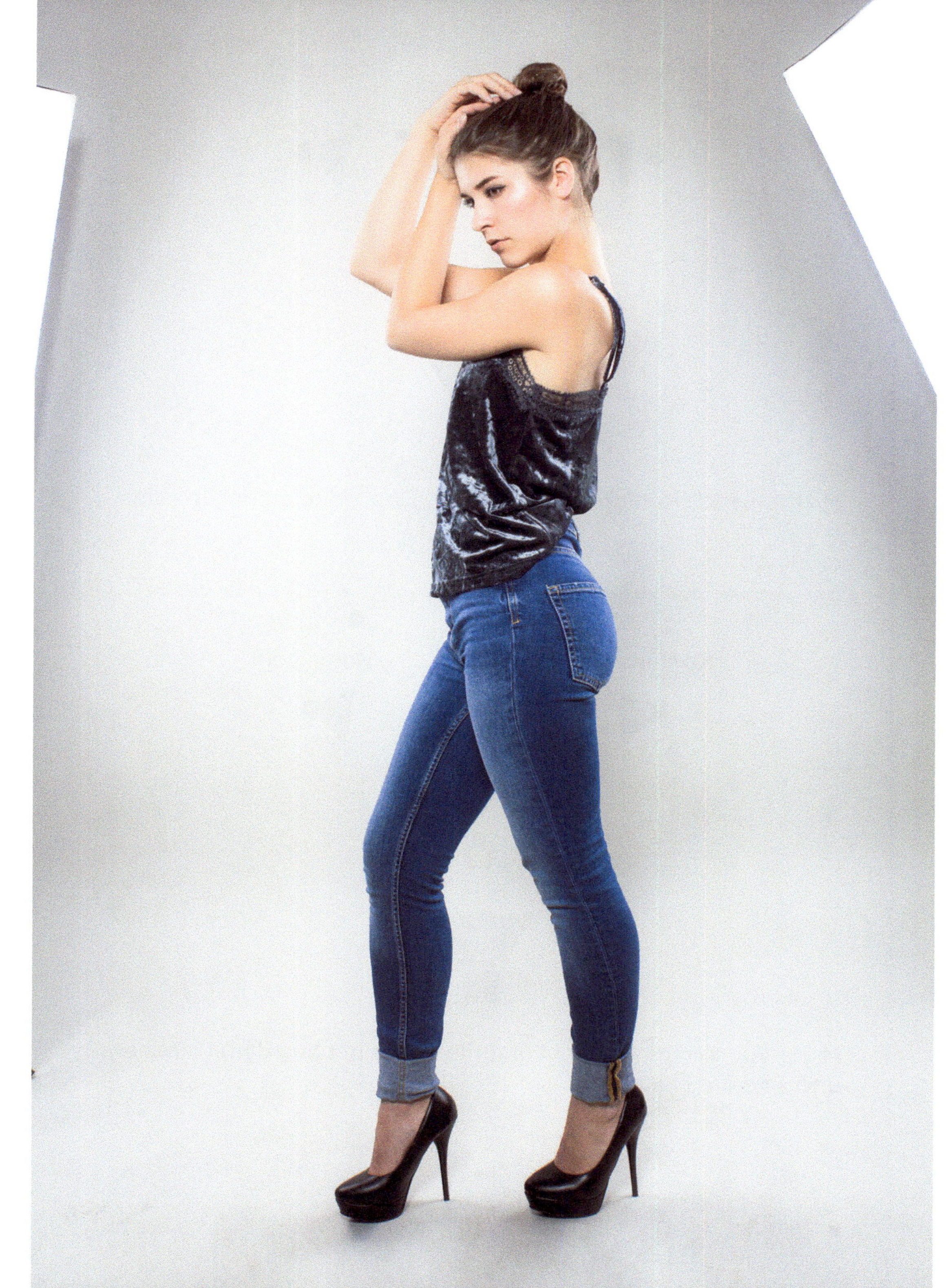

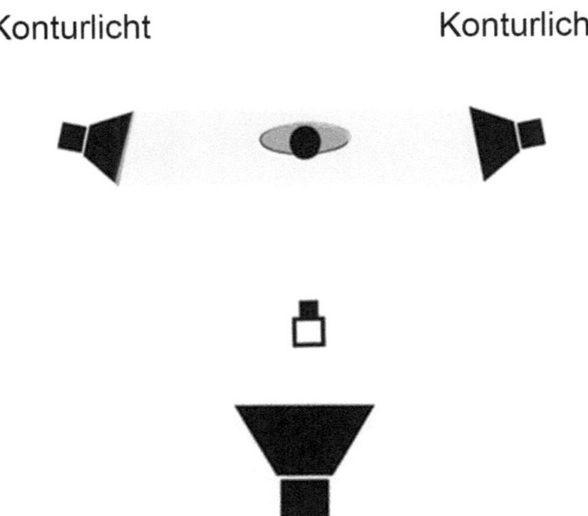

Hier habe ich Kontur-Licht und Flair. Das Model badet im Licht

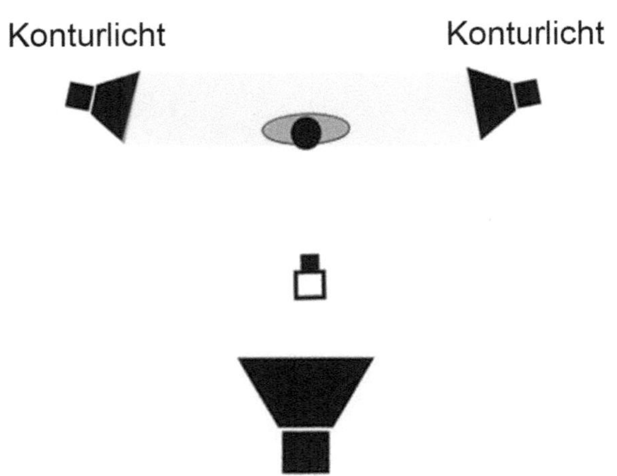

Hier habe ich Kontur-Licht und Flair. Das tritt aus dem Licht heraus und wird dunkler.

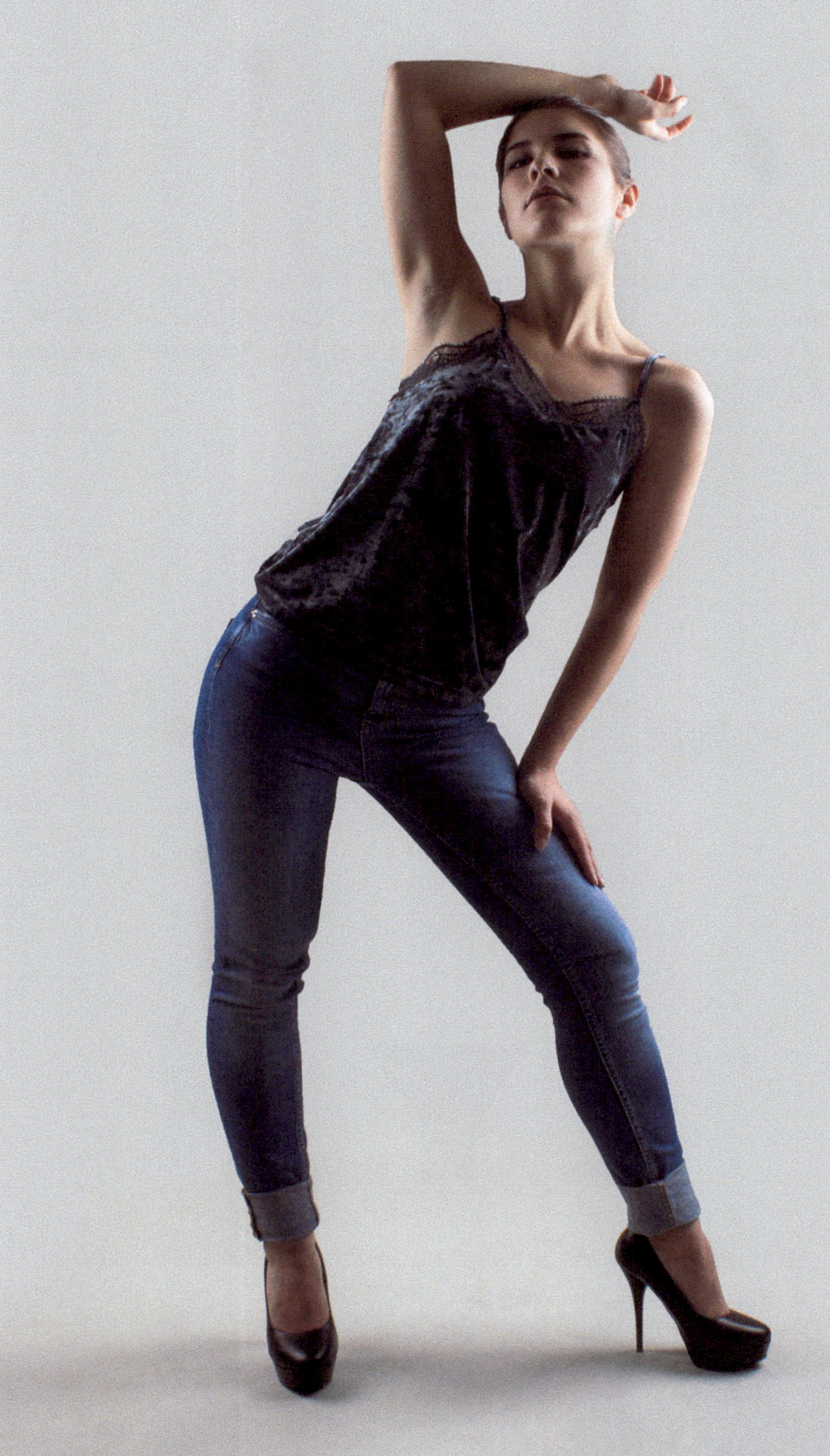

Zum Model

und Model-Lichtmessung:

Ich hatte das Licht ausgemessen, als das Model am
äusseren Rand der Licht-Zange stand. Von dort zur Okatabox.
Hier sollte das Model genausoviel Licht abbekommen als wenn es
mittig in der Lichtzange stand..

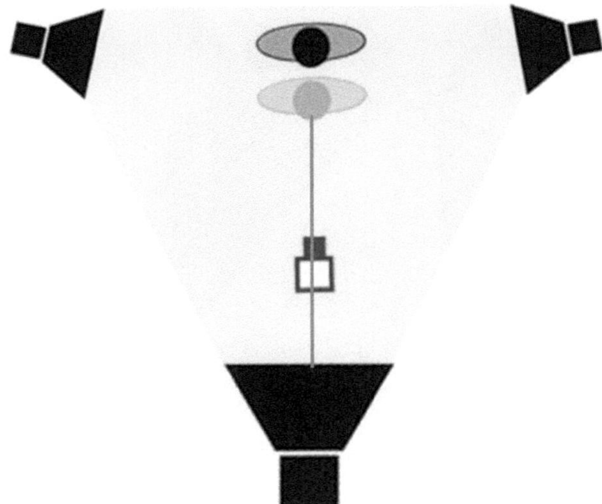

Lichtmessung vom Model zur Oktabox

Gut, wenn Sie ausgepasst haben, ist die Oktabox um
eine halbe Blende weniger eingestellt.
Aber, ehrlich, haben Sie das bei den Bildern bemerkt?
Wohl eher nicht.

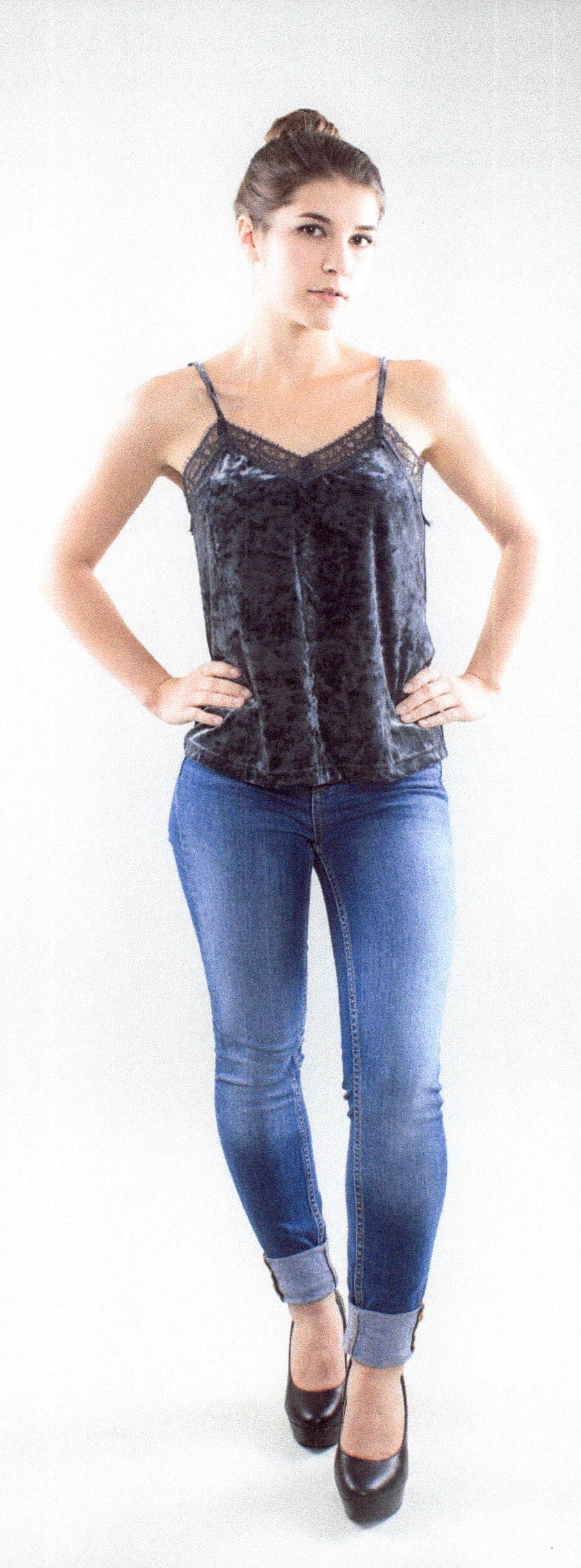

Die Umwandlung von farbig in schwarz_weiß, soll Ihnen nochmal das
Kontur-Licht verdeutlichen. Auch Saumlicht genannt.

Bei der Entwicklung im RAW-Konverter von PS habe ich ein PreSet
verwendet.

Die Einstellung im RAW-Konverter waren wie folgt:
Farbtemperatur   4600 Kelvin
Belichtung   + 0,70
Klarkeit   + 8
Dynamik   + 8
Sättigung   + 11

Unter diesen Parametern habe ich das PreSet angelegt um all
Fotos aus dieser Serie gleich zu entwickeln.

Unter dem Rider „Vorgaben" habe ich den Namen „Sandwich" vergeben.
Somit konnte ich sicherstellen, dass jedes Foto die gleiche
Raw-Entwickung bekommt.

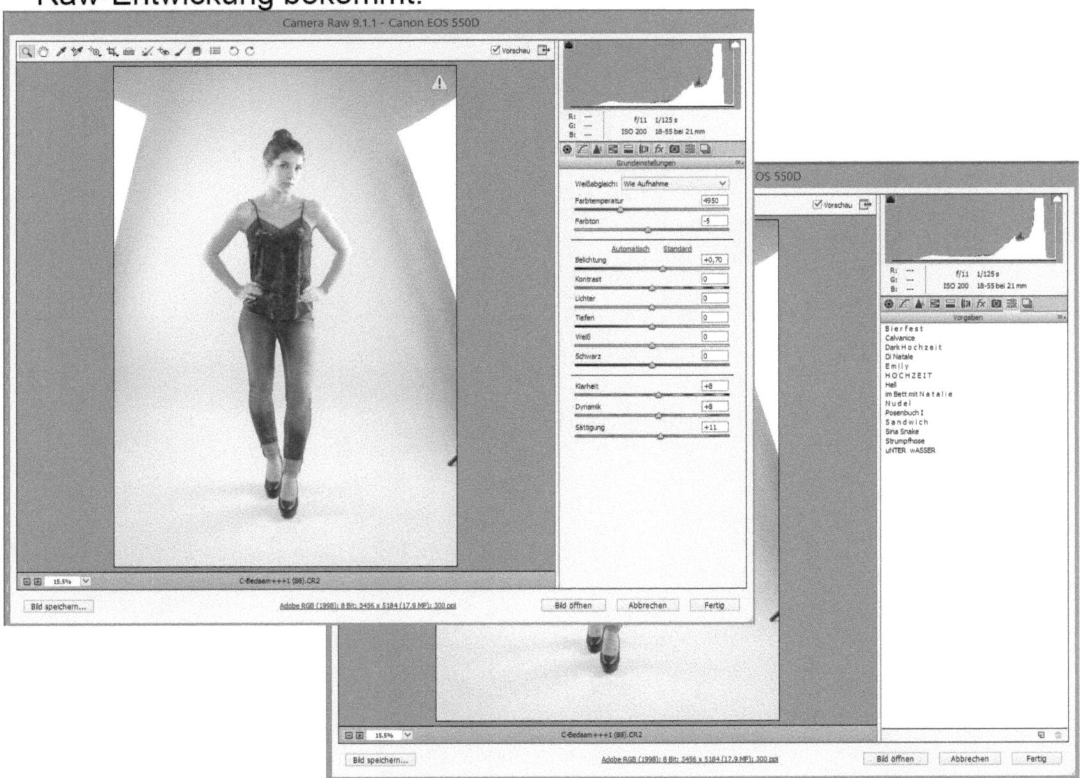

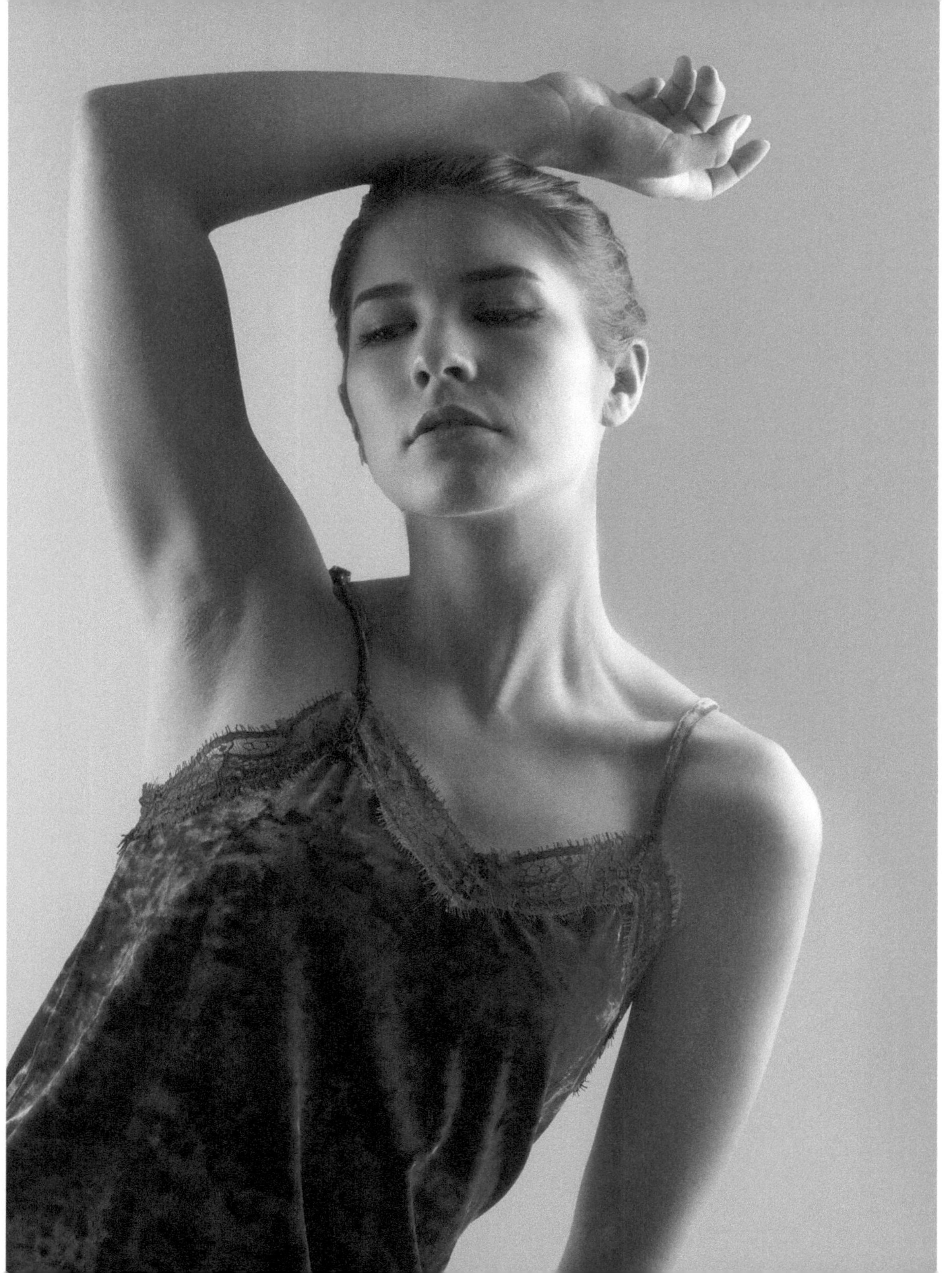

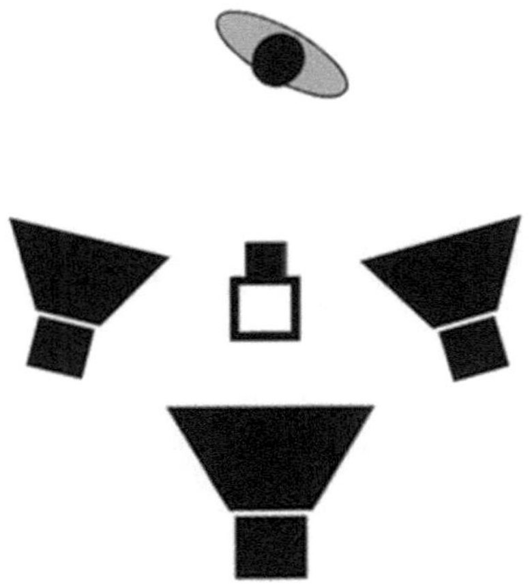

Blitze:
Softbox links und recht sind 1,5 Meter vom Model entfernt.
Oktoabox 2 Metter.
Softboxen 2,5 Blenden
Oktobox 3 Blenden

Kamera:
Belichtung 1/125
Blende 11
ISO 100
Brenweite 55 mm
Mittenbetont

Die beiden Softboxen waren für die Ausleuchtung des Hintergrund
bestimmt und noch Streulicht für das Model.
Die Oktabox für helles Licht auf das Model.

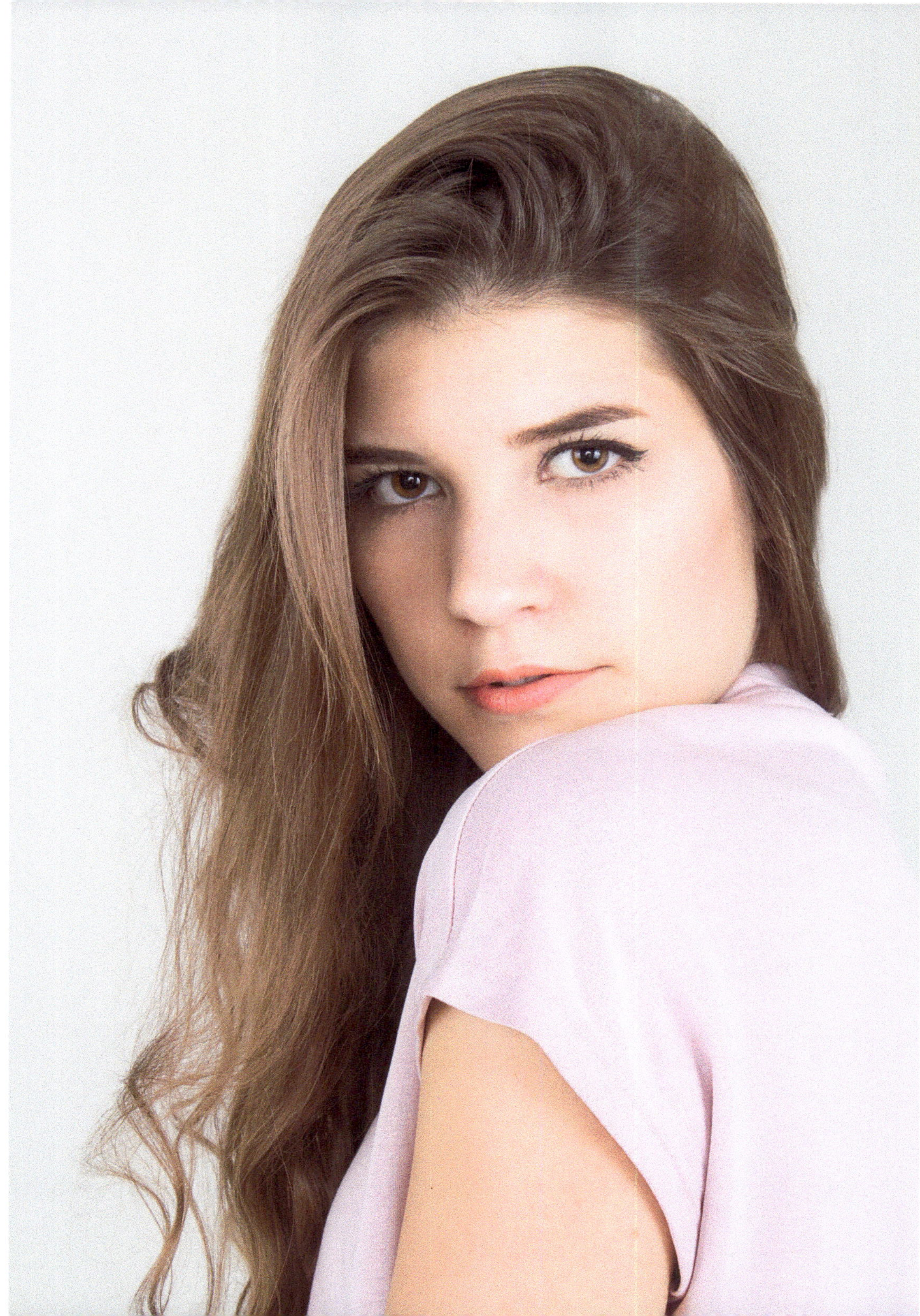

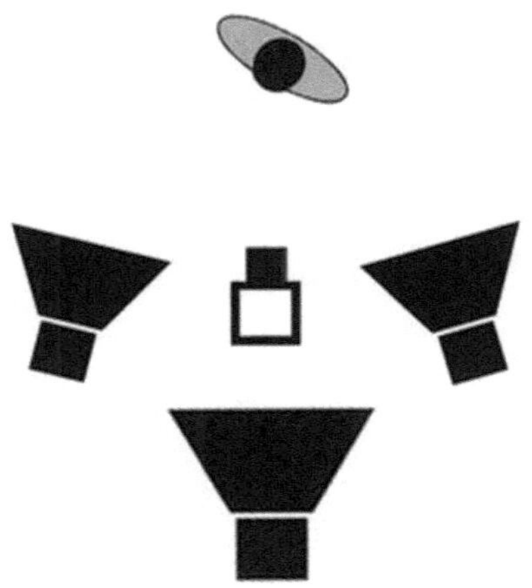

Blitze:
Softbox links und recht sind 1,5 Meter vom Model entfernt.
Oktoabox 2 Metter.
Softboxen 2,5 Blenden
Oktobox 3 Blenden

Kamera:
Belichtung 1/125
Blende 11
ISO 100
Brenweite 18 mm
Mittenbetont

Die beiden Softboxen waren für die Ausleuchtung des Hintergrund
bestimmt und noch Streulicht für das Model.
Die Oktabox für helles Licht auf das Model.

Aufgrund der Oktabox, war es mlöglich auch Ganzkörper-Fotos zu machen.

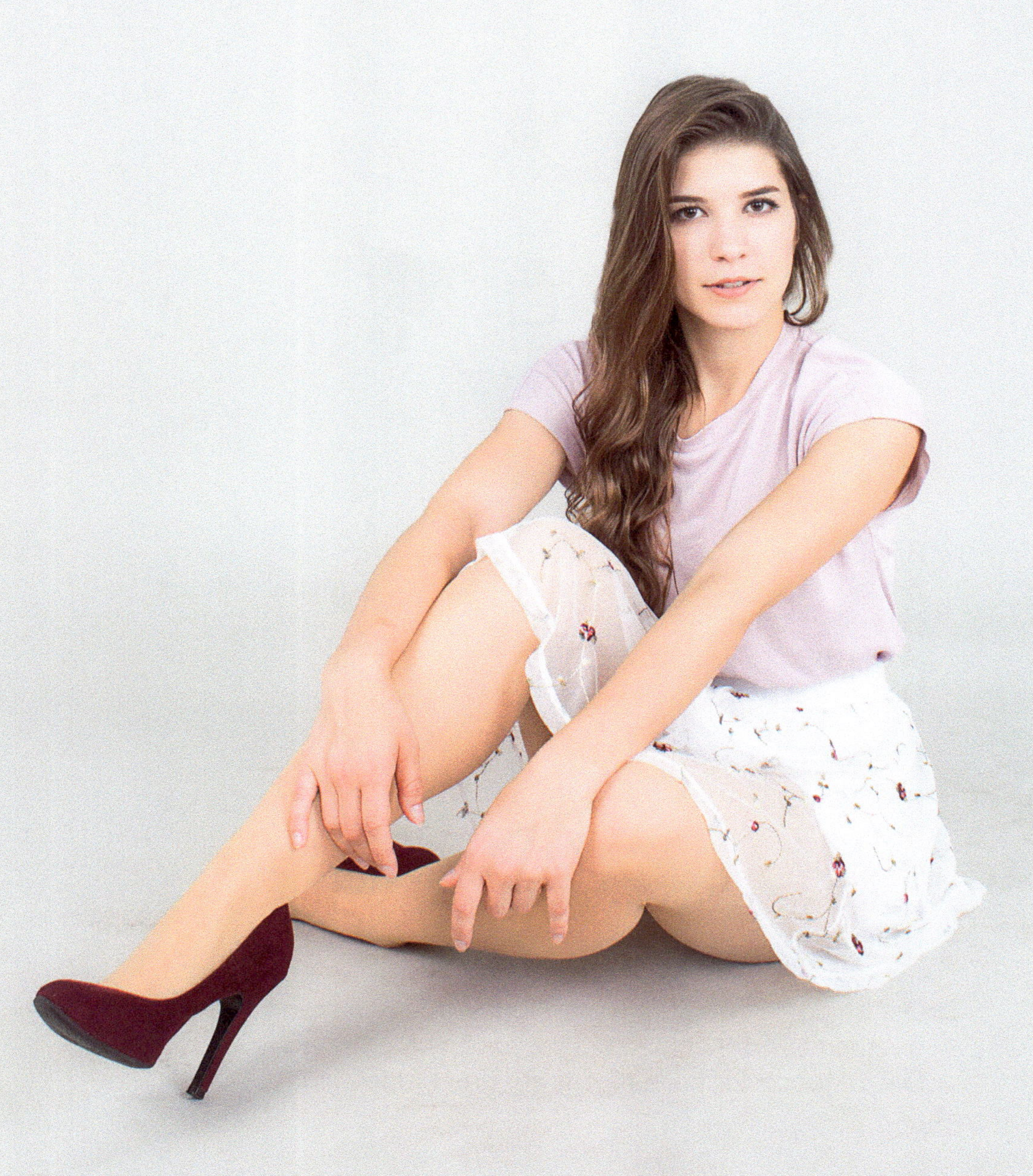

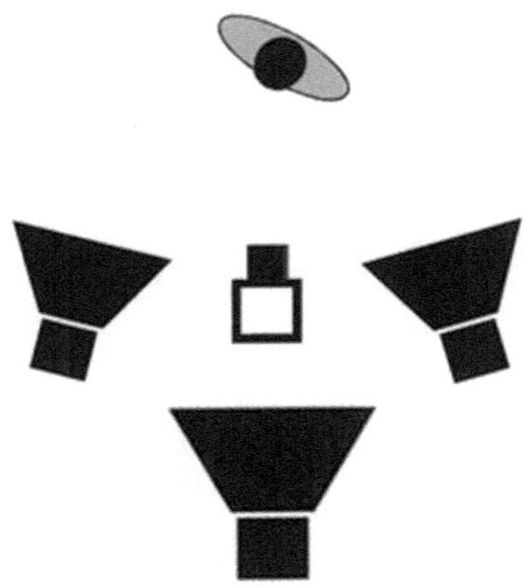

Blitze:
Softbox links und recht sind 1,5 Meter vom Model entfernt.
Oktoabox 2 Metter.
Softboxen 2,5 Blenden
Oktobox 3 Blenden

Kamera:
Belichtung 1/125
Blende 11
ISO 100
Brenweite 35 mm
Mittenbetont

Die beiden Softboxen waren für die Ausleuchtung des Hintergrund
bestimmt und noch Streulicht für das Model.
Die Oktabox für helles Licht auf das Model.

Aufgrund der Oktabox, war es mlöglich auch Ganzkörper-Fotos zu machen.
Durch die Verzarrung des Weitwinkel habe ich extra Platz um das Modell
gelassen um die Verzerrung nach Aussen hin zu beschneiden.

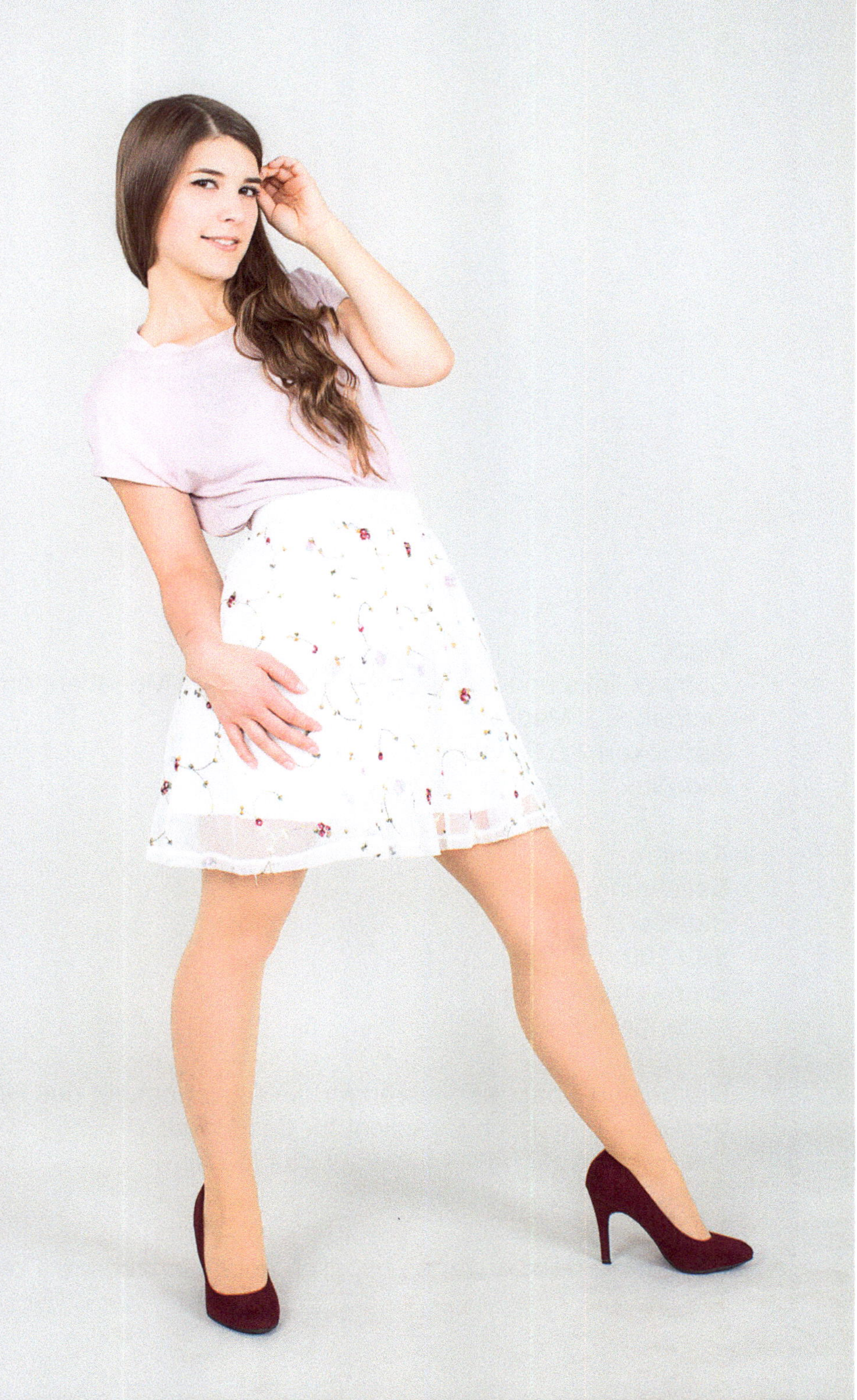

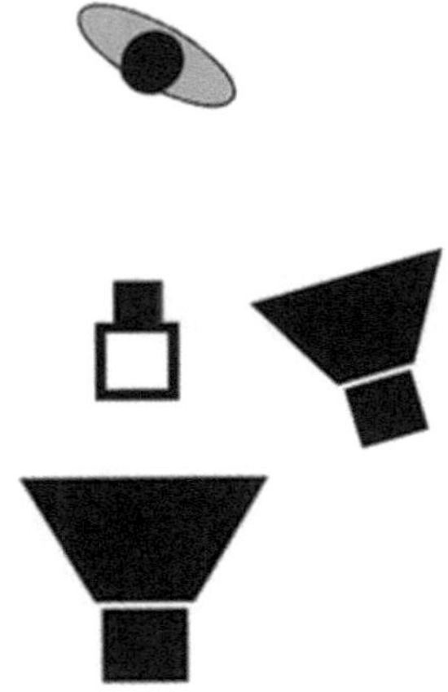

Blitze:
Softbox links und recht sind 1,5 Meter vom Model entfernt.
Oktoabox 2 Metter.
Softboxen 2,5 Blenden
Oktobox 1,5 Blenden

Kamera:
Belichtung 1/125
Blende 11
ISO 100
Brenweite 35 mm
Mittenbetont

Die beiden Softboxen waren für die Ausleuchtung des Hintergrund bestimmt und noch Streulicht für das Model.
Die Oktabox für helles Licht auf das Model.

Aufgrund der Oktabox, war es mlöglich auch Ganzkörper-Fotos zu machen.

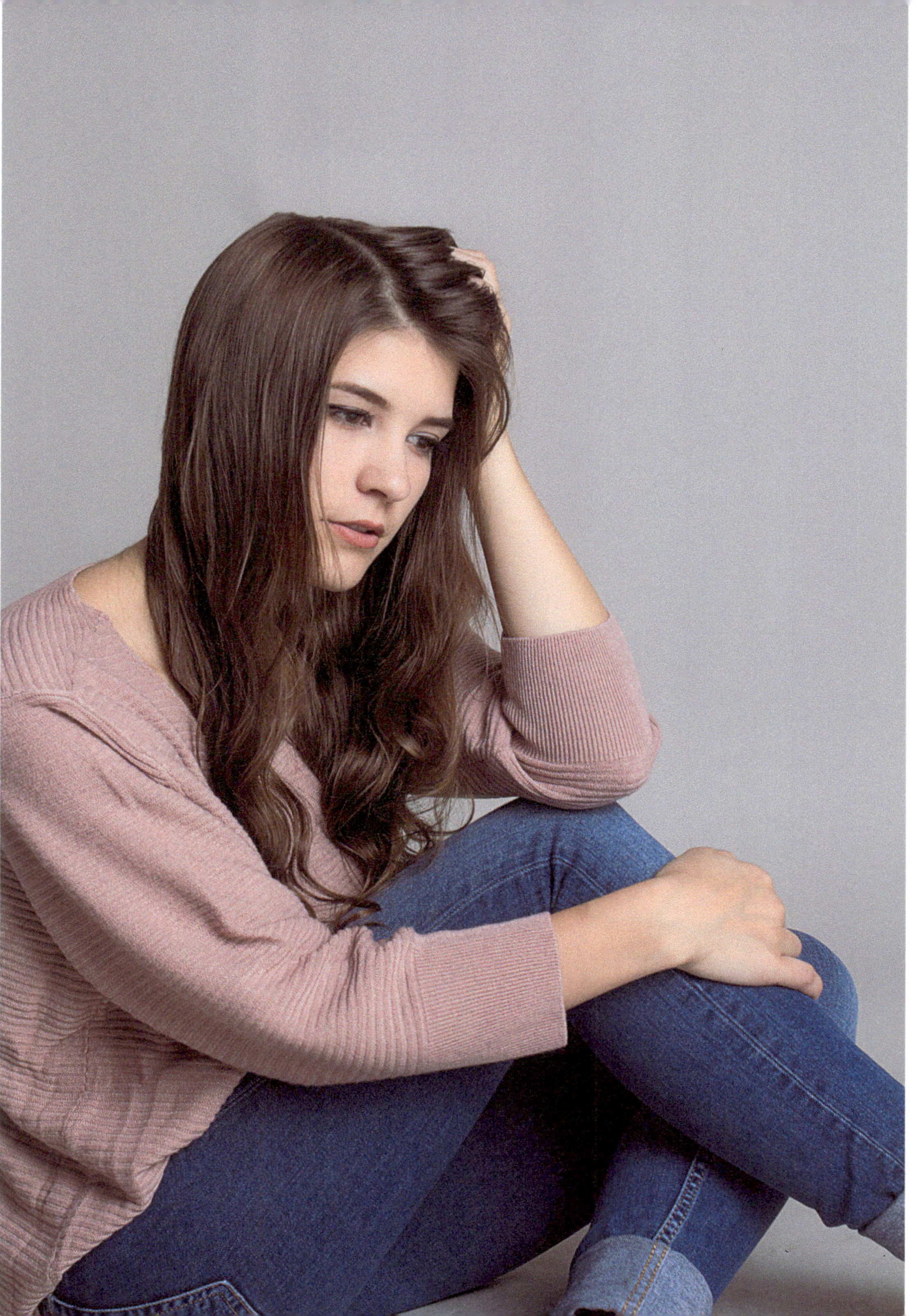

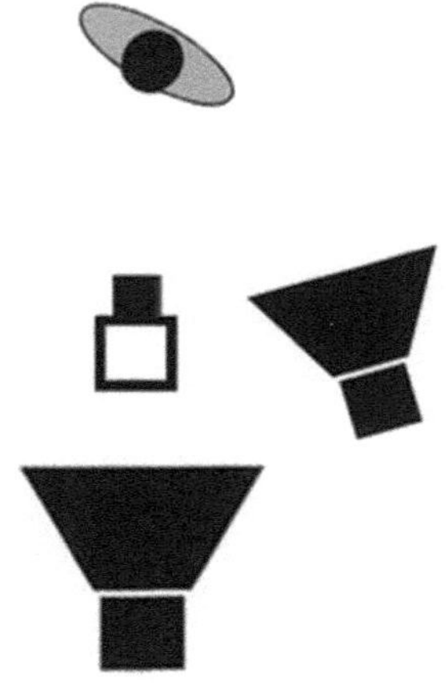

Blitze:
Softbox links und recht sind 1,5 Meter vom Model entfernt.
Oktoabox 2 Metter.
Softboxen 2,5 Blenden
Oktobox 2 Blenden

Kamera:
Belichtung 1/125
Blende 11
ISO 100
Brenweite 35 mm
Mittenbetont

Die beiden Softboxen waren für die Ausleuchtung des Hintergrund
bestimmt und noch Streulicht für das Model.
Die Oktabox für helles Licht auf das Model.

Aufgrund der Oktabox, war es mlöglich auch Ganzkörper-Fotos zu machen.

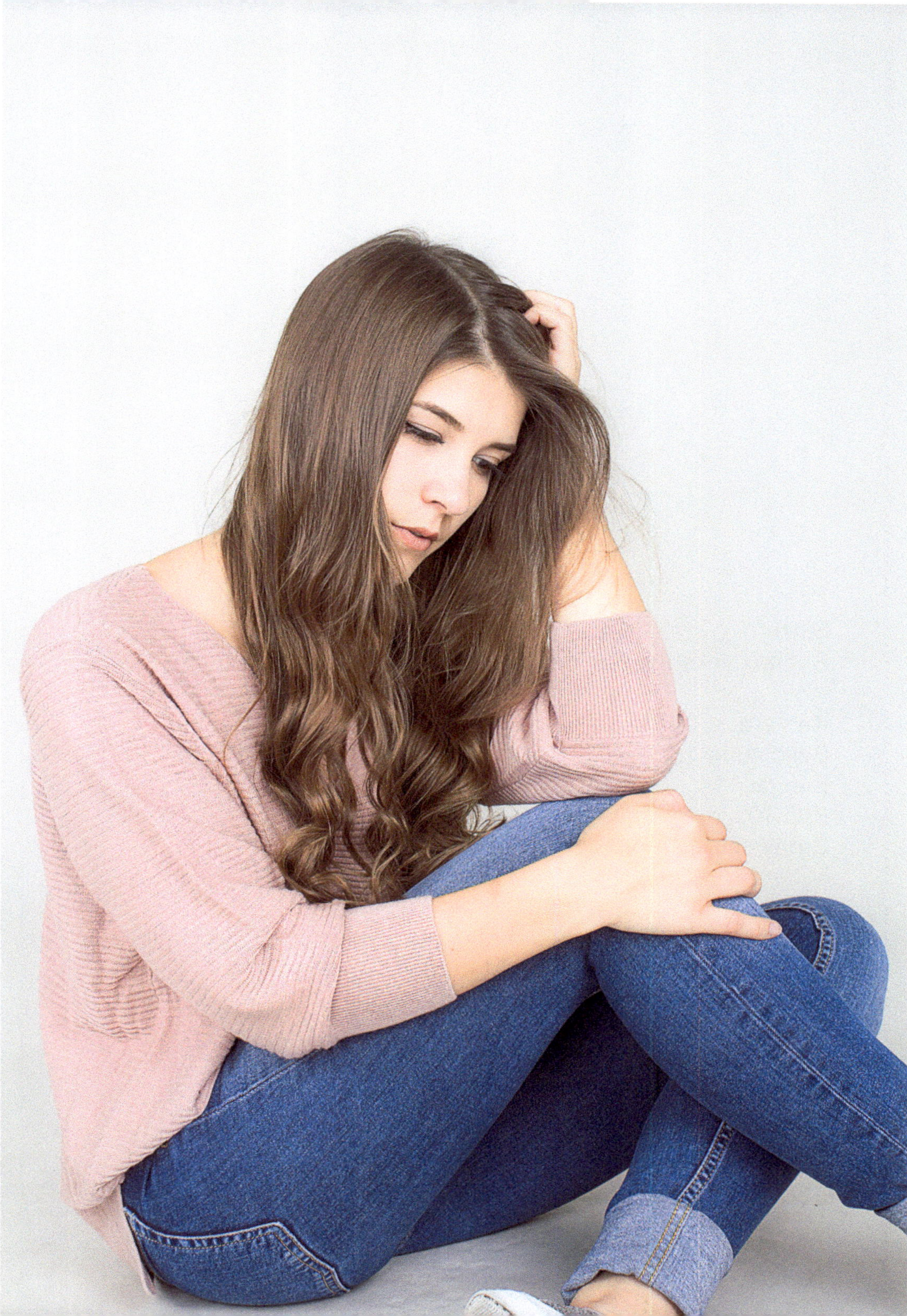

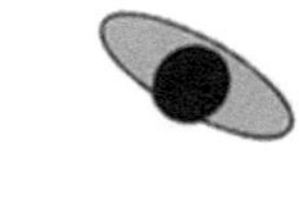

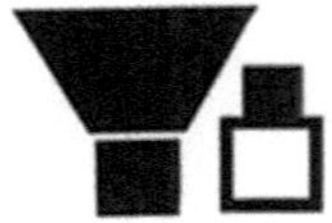

Blitze:
Softbox links mit Blende 2,5. 1,5 Meter vom Model

Kamera:
Belichtung 1/125
Blende 11
ISO 100
Brenweite 75 mm
Mittenbetont

Die beiden Softboxen waren für die Ausleuchtung des Hintergrund
bestimmt und noch Streulicht für das Model.
Die Oktabox für helles Licht auf das Model.

Aufgrund der Oktabox, war es mlöglich auch Ganzkörper-Fotos zu machen.

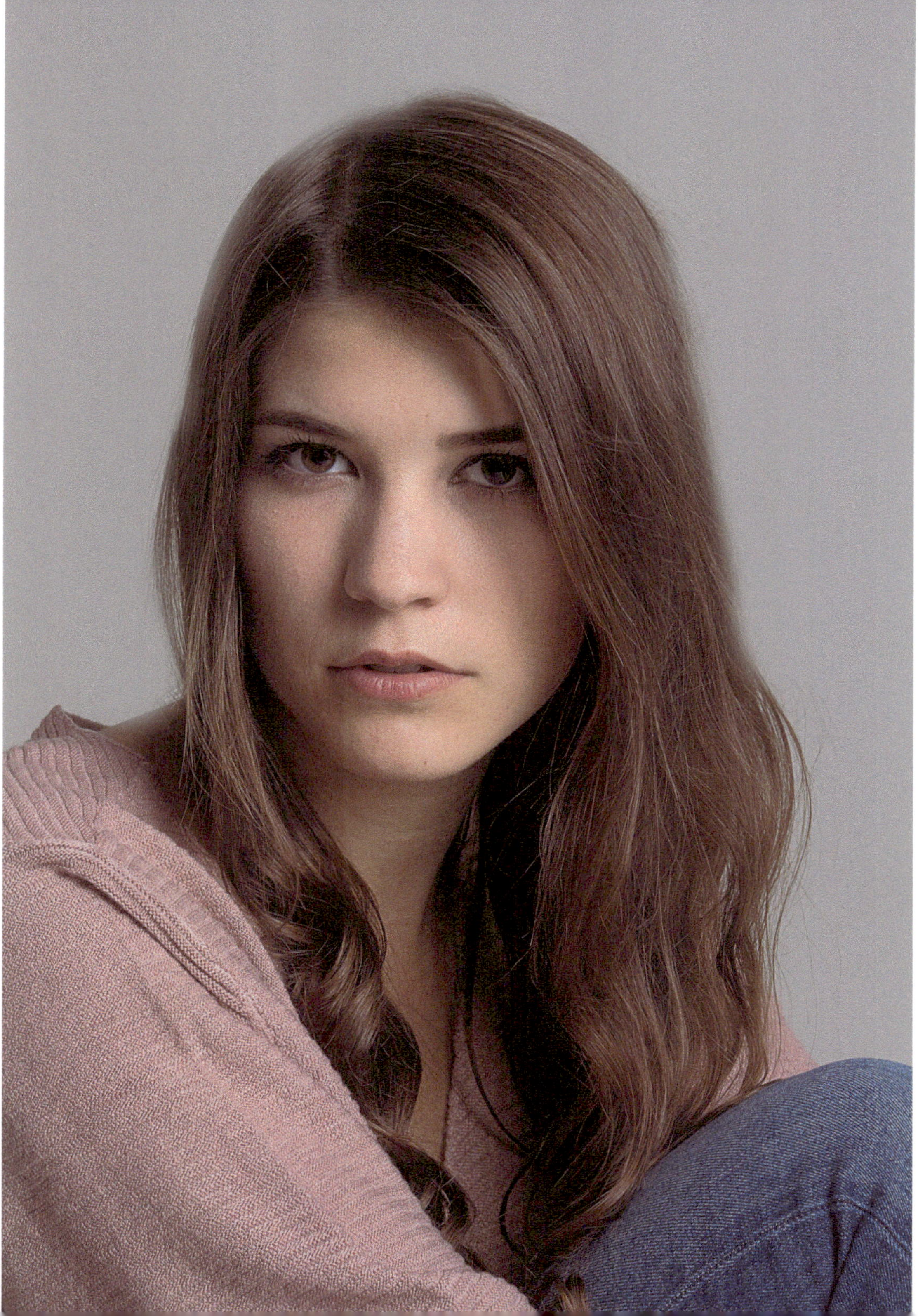

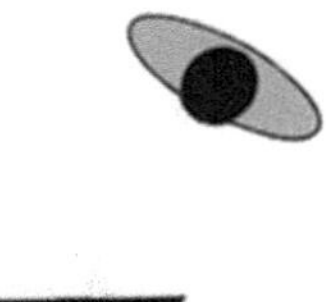

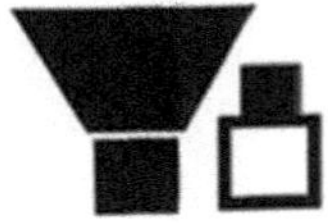

Blitze:
Softbox links mit Blende 3. 1,5 Meter vom Model

Kamera:
Belichtung 1/125
Blende 11
ISO 100
Brenweite 110 mm
Mittenbetont

Die beiden Softboxen waren für die Ausleuchtung des Hintergrund bestimmt und noch Streulicht für das Model.
Die Oktabox für helles Licht auf das Model.

Aufgrund der Oktabox, war es mlöglich auch Ganzkörper-Fotos zu machen.

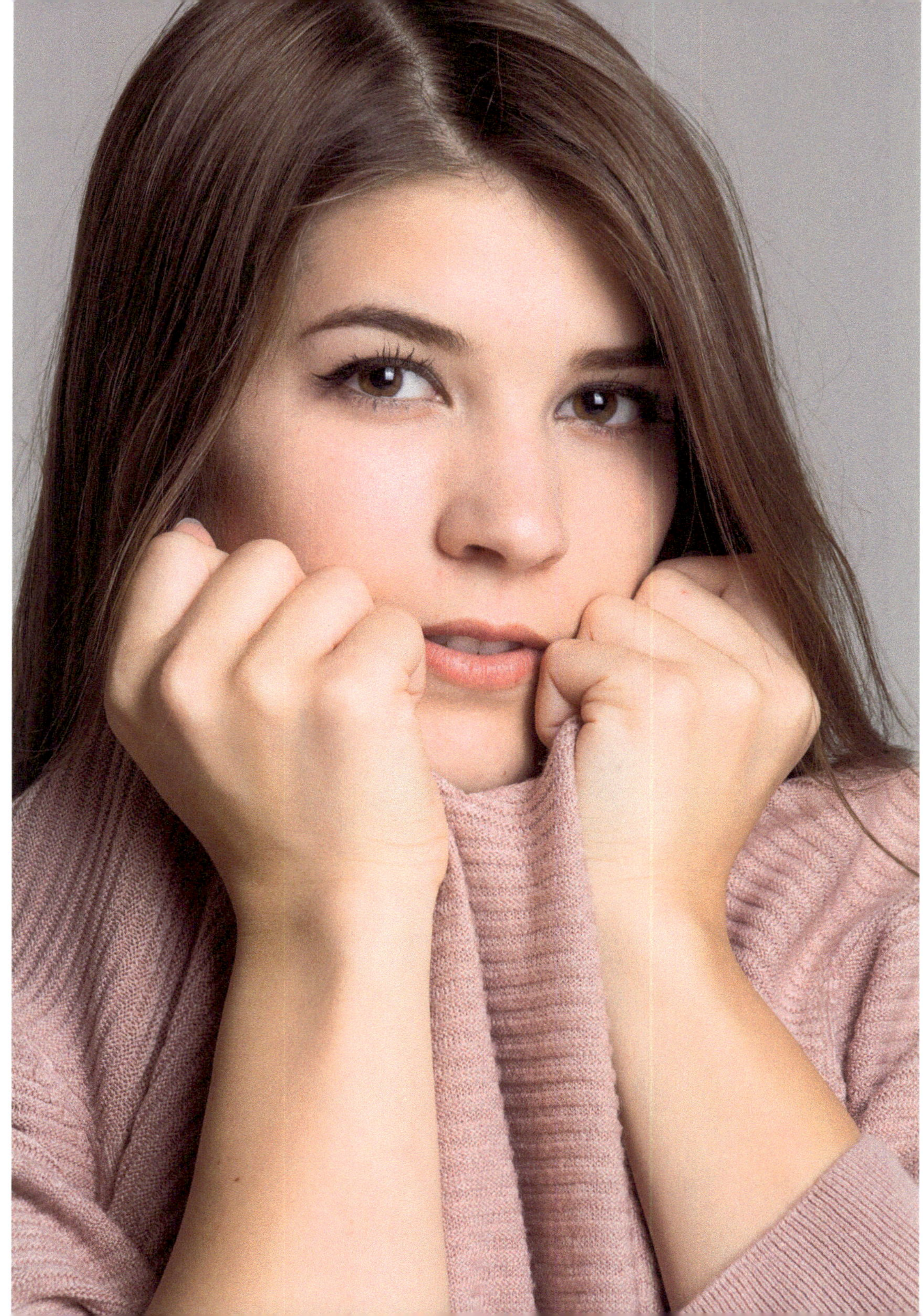

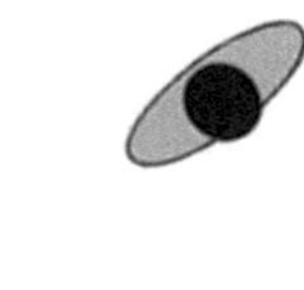

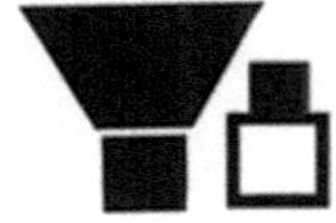

Blitze:
Softbox links mit Blende 3. 1,5 Meter vom Model

Kamera:
Belichtung 1/125
Blende 11
ISO 100
Brenweite 110 mm
Mittenbetont

Die beiden Softboxen waren für die Ausleuchtung des Hintergrund
bestimmt und noch Streulicht für das Model.
Die Oktabox für helles Licht auf das Model.

Aufgrund der Oktabox, war es mlöglich auch Ganzkörper-Fotos zu machen.

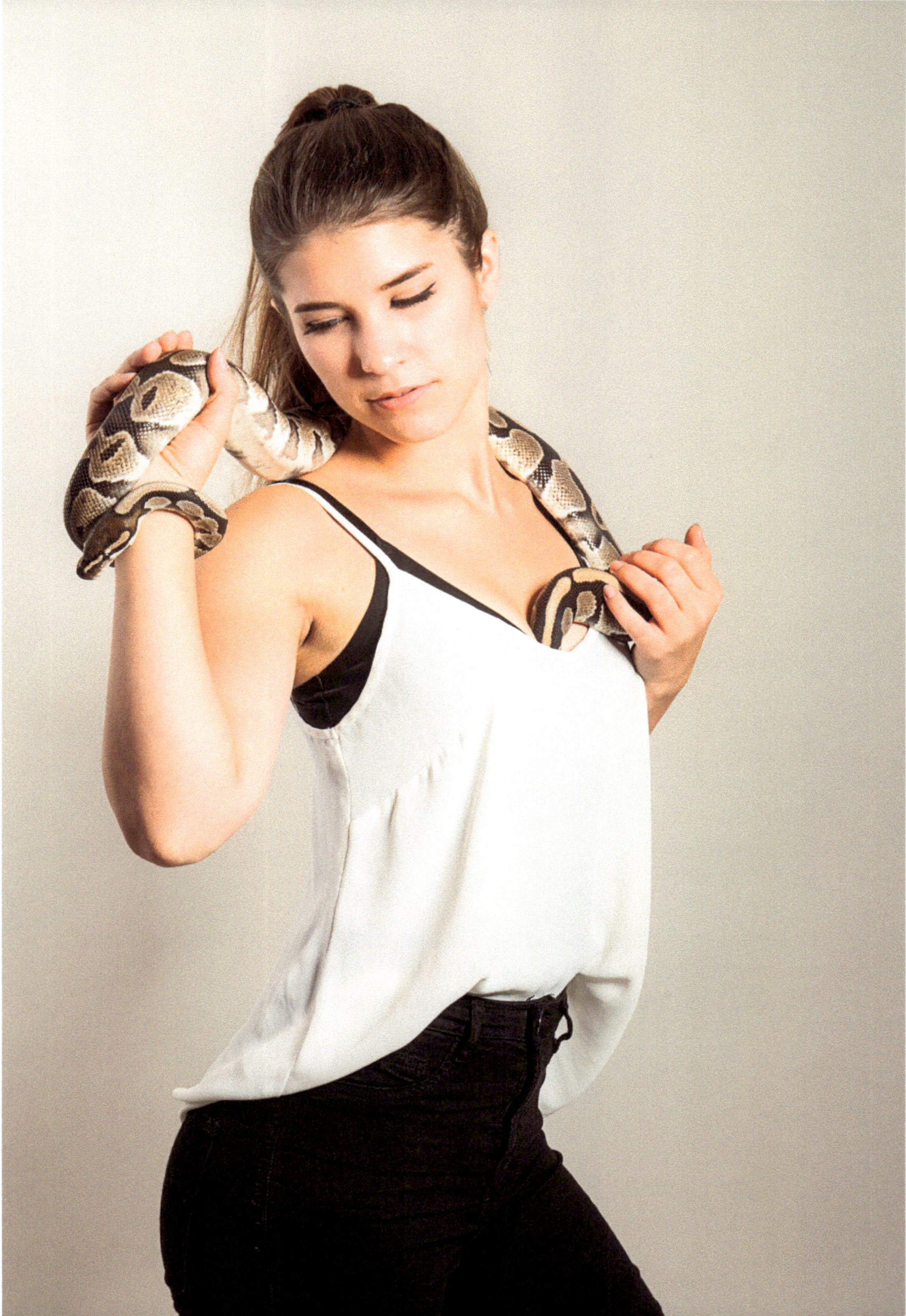

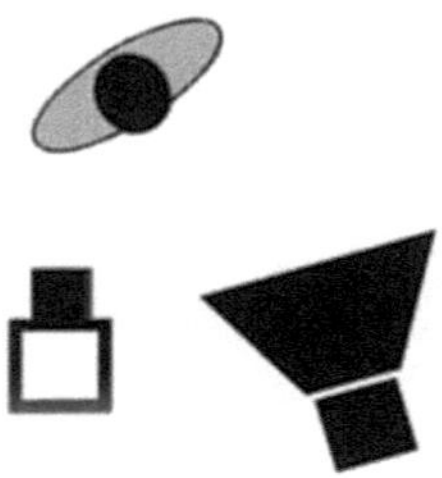

Blitze:
Softbox links mit Blende 3. 1,5 Meter vom Model

Kamera:
Belichtung 1/125
Blende 18
ISO 100
Brenweite 45 mm
Mittenbetont

Die beiden Softboxen waren für die Ausleuchtung des Hintergrund
bestimmt und noch Streulicht für das Model.
Die Oktabox für helles Licht auf das Model.

Aufgrund der Oktabox, war es mlöglich auch Ganzkörper-Fotos zu machen.
Durch die Verzarrung des Weitwinkel habe ich extra Platz um das Modell
gelassen um die Verzerrung nach Aussen hin zu beschneiden.

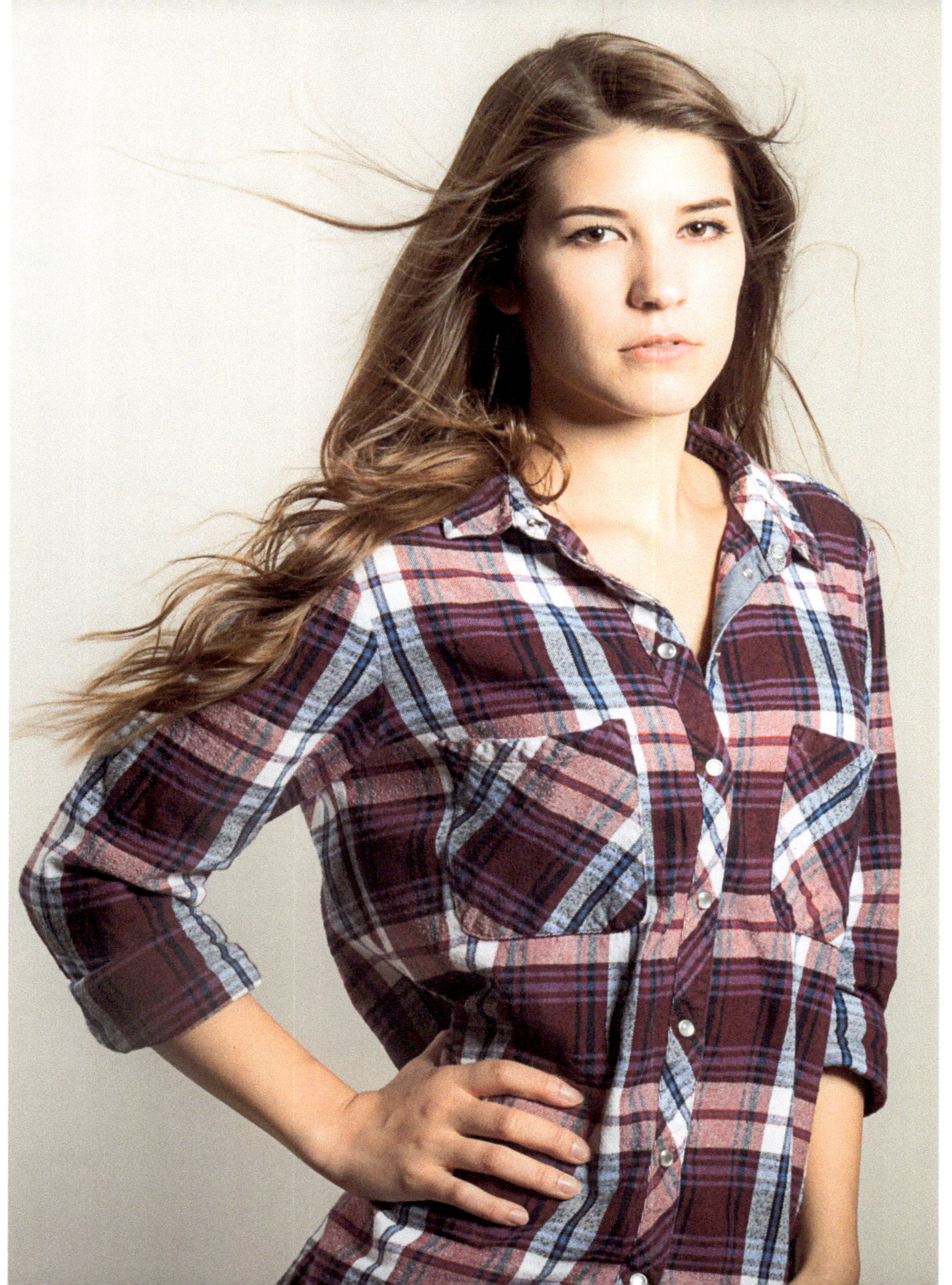

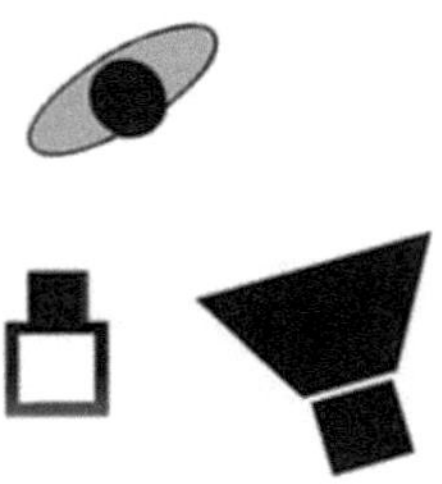

Blitze:
2 Canon Speetlight 430 EX

Kamera:
Belichtung 1/125
Blende 8
ISO 100
Brenweite 35 mm
Mittenbetont

Die beiden Speetlights 430 EX waren für die Ausleuchtung des Haarlichts und für das Model bestimmt.
Das Hauptlich mit Schirm, rechts vom Model vorne.
Das Haarlicht, reiner Blitz, links hinter dem Modelll.
Haarlicht ca 3 Meter Entfernung.
Hauptlich ca. 2,5 Meter.
Beide Blitze auf voller Leistung.

Da die Blitze sich gegenüberstanden, will ich es mal großzügig als Zangenlicht benennen.

Aufgrund der Oktabox, war es mlöglich auch Ganzkörper-Fotos zu machen.
Durch die Verzarrung des Weitwinkel habe ich extra Platz um das Modell gelassen um die Verzerrung nach Aussen hin zu beschneiden.

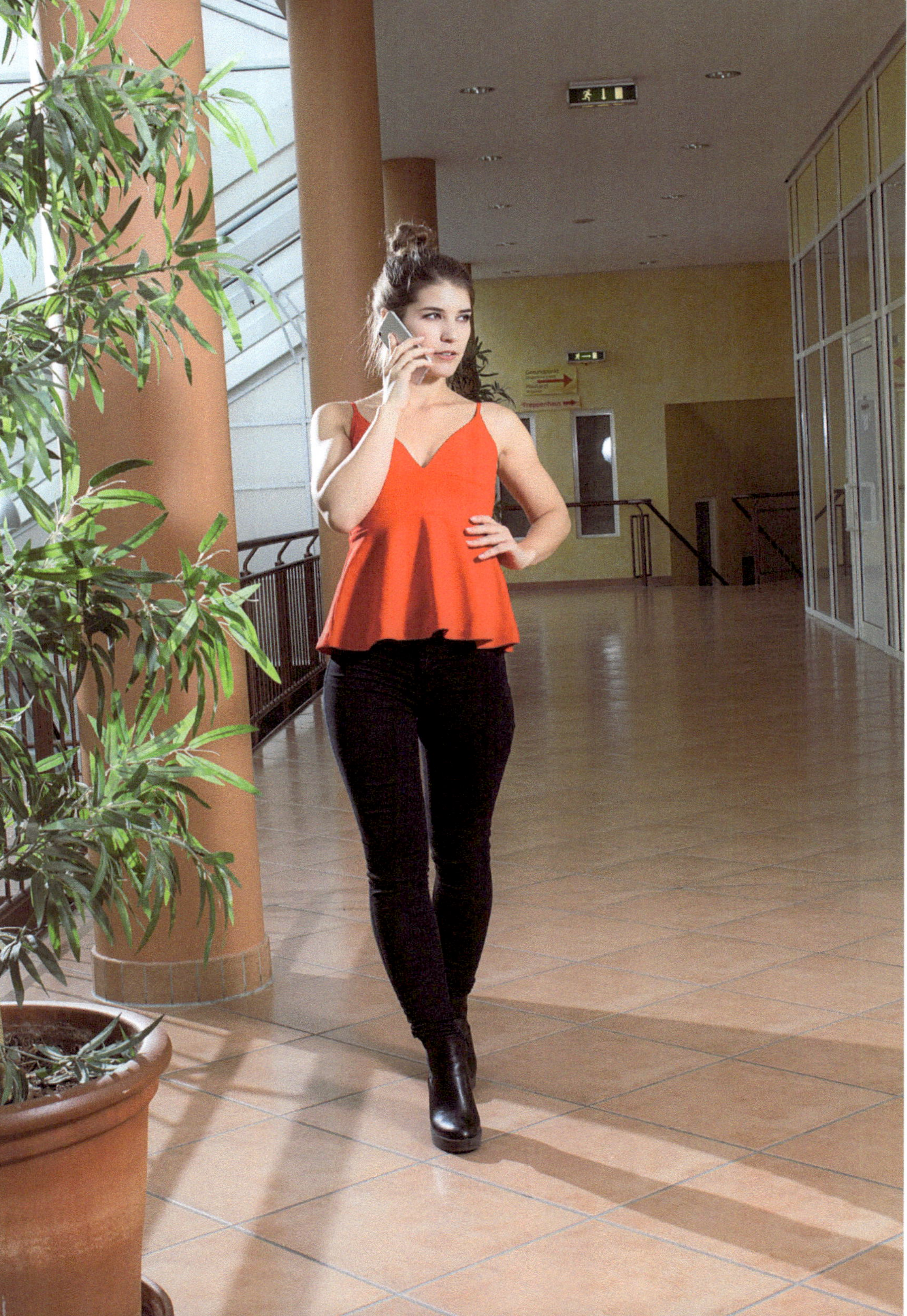

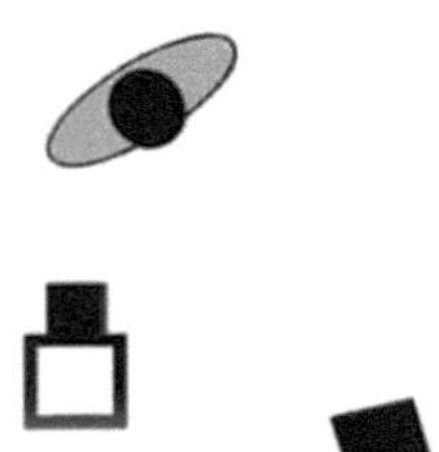

Blitze:
2 Canon Speetlight 430 EX

Kamera:
Belichtung 1/125
Blende 8
ISO 100
Brenweite 35 mm
Mittenbetont

Ein Speetlight, volle Leistung mit Schirm,2.5 Meter Entfernung.
Rechts vor dem Model.

Aufgrund der Oktabox, war es mlöglich auch Ganzkörper-Fotos zu machen.
Durch die Verzarrung des Weitwinkel habe ich extra Platz um das Modell
gelassen um die Verzerrung nach Aussen hin zu beschneiden.

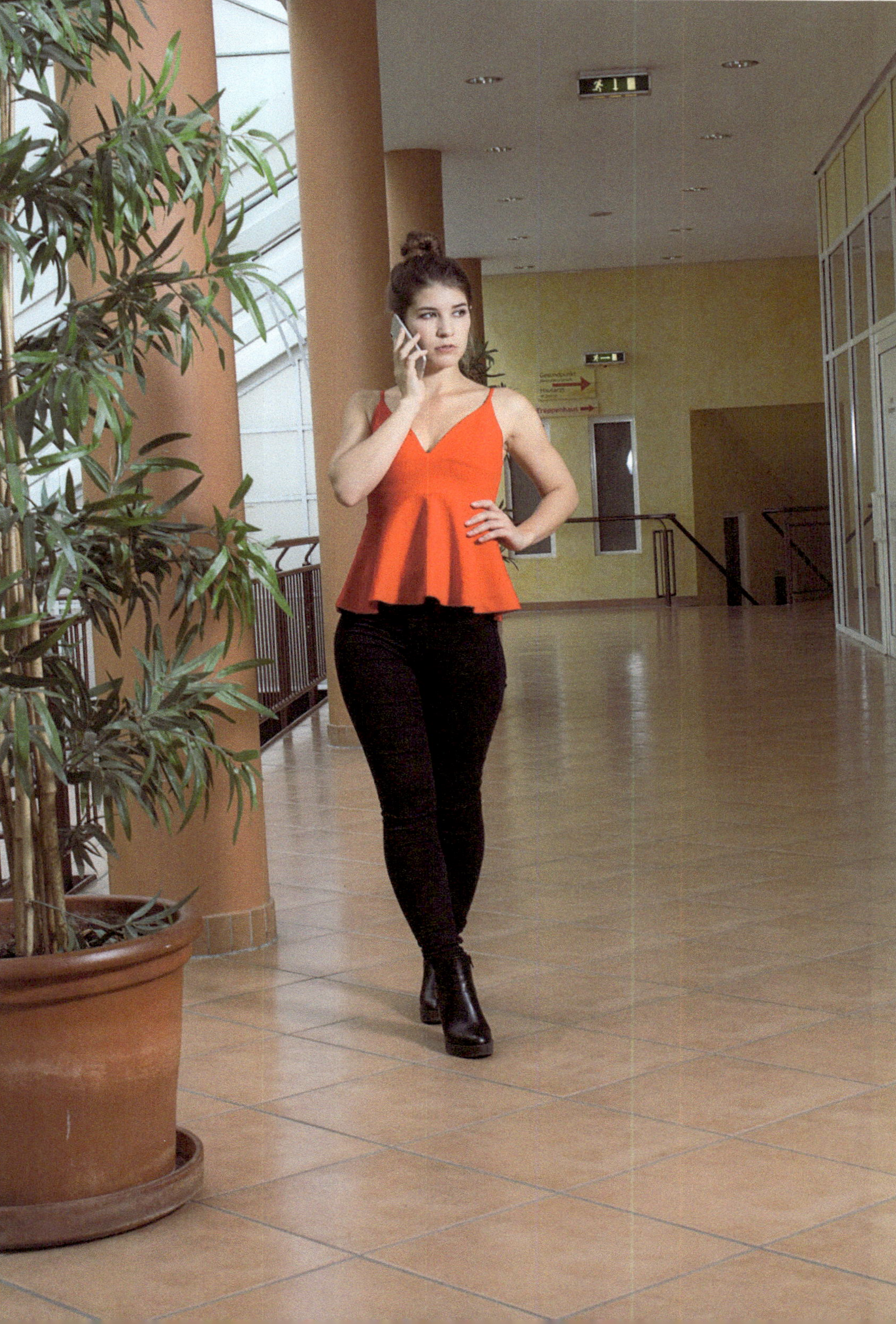

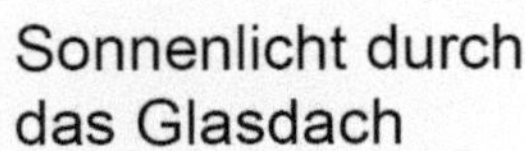

Sonnenlicht durch
das Glasdach

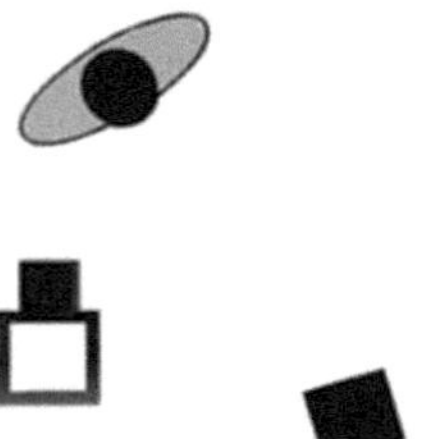

Blitze:
2 Canon Speetlight 430 EX

Kamera:
Belichtung 1/125
Blende 8
ISO 100
Brenweite 35 mm
Mittenbetont

Die beiden Speetlights 430 EX waren für die Ausleuchtung des
Haarlichts und für das Model bestimmt.
Das Hauptlich mit Schirm, rechts vom Model vorne.
Das Haarlicht, reiner Blitz, links hinter dem Modelll.
Haarlicht ca 3 Meter Entfernung.
Hauptlich ca. 2,5 Meter.
Beide Blitze auf voller Leistung.

Da die Blitze sich gegenüberstanden, will ich es mal großzügig als
Zangenlicht benennen.

Aufgrund der Oktabox, war es mlöglich auch Ganzkörper-Fotos zu machen.
Durch die Verzarrung des Weitwinkel habe ich extra Platz um das Modell
gelassen um die Verzerrung nach Aussen hin zu beschneiden.

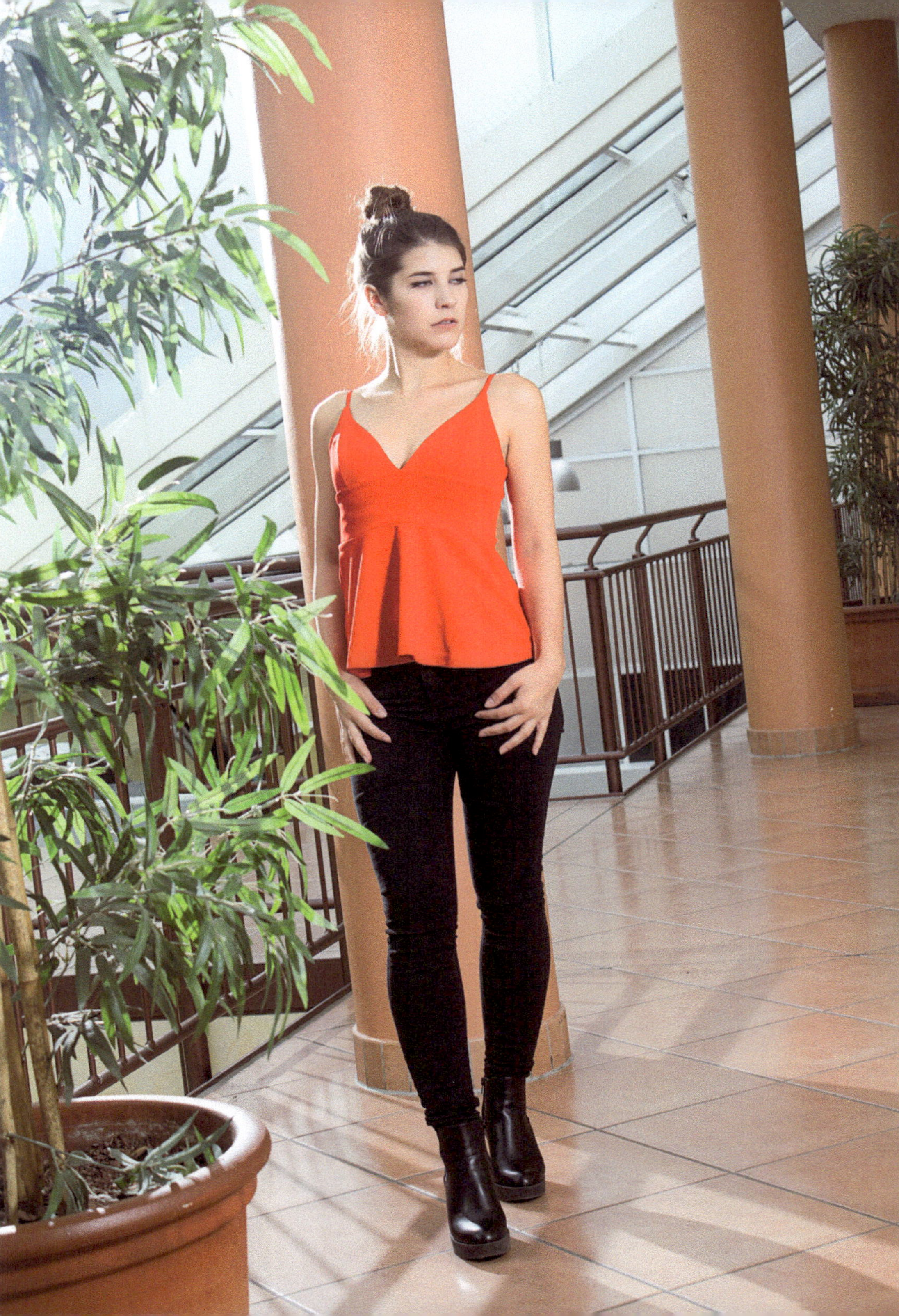

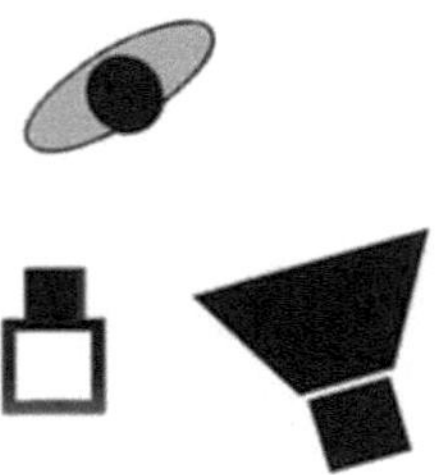

Blitze:
1 Studioplitz, von Vorne rechts
Kamera:
Belichtung 1/125
Blende 8
ISO 100
Brenweite 35 mm
Mittenbetont

400 WS Blitz mit Softbox, Blende 2, 5.

Aufgrund der Oktabox, war es mlöglich auch Ganzkörper-Fotos zu machen.
Durch die Verzarrung des Weitwinkel habe ich extra Platz um das Modell gelassen um die Verzerrung nach Aussen hin zu beschneiden.

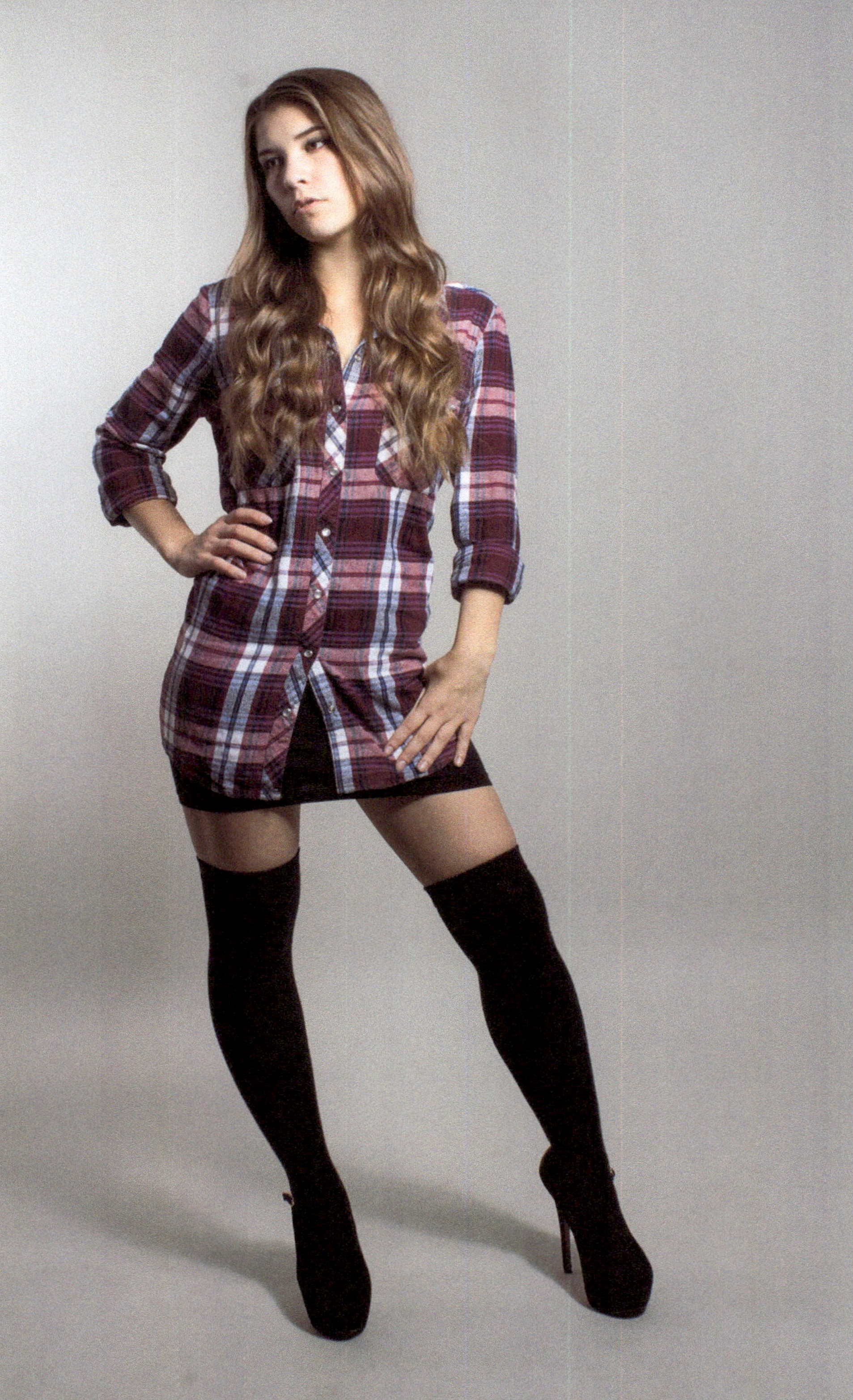

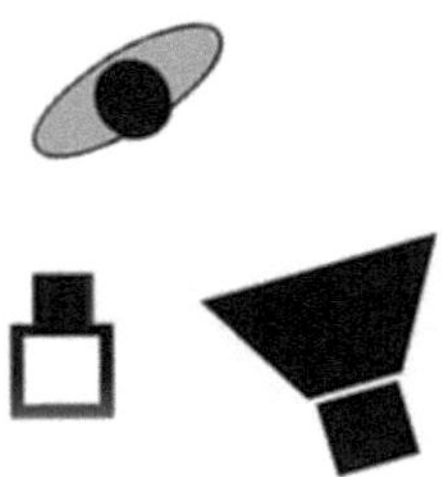

Blitze:
Oktabox links mit Blende 3. 1,5 Meter vom Model

Kamera:
Belichtung 1/125
Blende 18
ISO 100
Brenweite 45 mm
Mittenbetont

Die beiden Softboxen waren für die Ausleuchtung des Hintergrund
bestimmt und noch Streulicht für das Model.
Die Oktabox für helles Licht auf das Model.

Aufgrund der Oktabox, war es möglich auch Ganzkörper-Fotos zu machen.
Durch die Verzarrung des Weitwinkel habe ich extra Platz um das Modell
gelassen um die Verzerrung nach Aussen hin zu beschneiden.

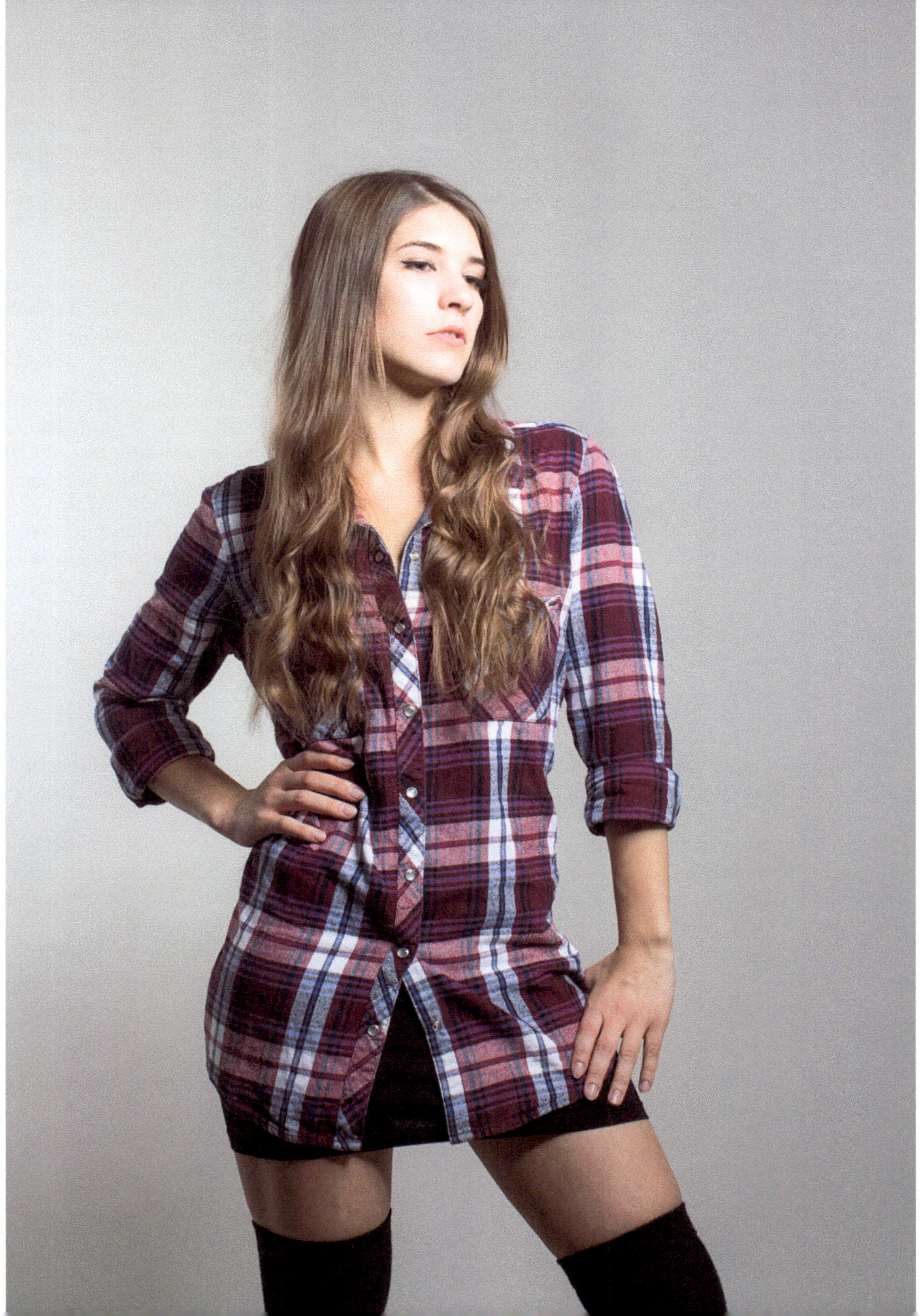

Nimmt man jetzt das Canon Speedlite 600EX, so wird dieses vom Hersteller mit der Leitzahl 60 angegeben. Zieht man als Vergleich nun den Nikon SB-900 heran, sieht man, dass dieser nur mit einer Leitzahl von 34 angegeben wird. Jetzt könnte man also denken, das Gerät von Canon sei viel viel   stärker.

ABER: Canon gibt die Leitzahl bei höchster Zoomstufe (hier 200mm) an, Nikon hingegen bei der Zoomstufe   35   mm.

Um die beiden Geräte vergleichen zu können, muss man nun also erstmal herausfinden welche Leitzahl das Gerät von Canon bei 35 mm hat. Beim Speedlite 600EX liegt die „echte" Leitzahl bei 35mm bei 36 - das bedeutet: in Wirklichkeit ist der Canon Blitz nur geringfügig stärker! Bei einer Zoomstufe von 200 mm hat der Nikon Blitz übrigens eine Leitzahl von 56.

Die Zoomstellung des Reflektors am Aufsteckblitz bezieht sich auf den ausgeleuchteten Bereich (Bildausschnitt), der benötigt wird um bei gleich eingestelltem Objektiv (z.B. 105mm) ein richtig beleuchtetes Bild zu erhalten. Für ein richtig ausgeleuchtetes Bild, muss also die passende Blende zur Leitzahl (in Kombination zum Zoom) ermittelt werden, der Abstand zum Objekt stimmen und das Objektiv und der Zoomreflektor des Blitzes für den gewählten Bildausschnitt auf den gleichen Wert (z.B. 105mm) gestellt werden. Jetzt kann man nur von Glück sagen, dass diese ganzen Dinge normalerweise von der elektronischen Steuerung des Blitzes (E-TTL) übernommen und richtig eingestellt   werden.

Um beim entfesselten Blitzen die Lichtgestaltung nach seinen Wünschen gezielt steuern zu können, muss man die Blitze manuell einstellen und sollte die oben genannten Zusammenhänge verstanden haben.

Geräte-Liste

Will man als Anwender die Geräte der Hersteller auch in Bezug auf die Leistung wirklich vergleichen, muss man meist mühevoll herausfinden welche Leitzahl der Blitz bei 35 mm hat.

Wir haben in unserer nachfolgenden Tabelle zu den gängigen Geräten jeweils die Leitzahl bei 35mm und bei maximaler Zoomstufe angegeben, so können die Aufsteckblitze der Hersteller auch sehr einfach miteinander verglichen und der passende Wert für die Eingabe in set.a.light 3D ermittelt   werden.

In set.a.light 3D muss zur Leitzahl immer auch die dazugehörige Basis (z.B. 105mm) angegeben werden. Die möglichen Kombinationen aus Leitzahl und Zoom haben wir zur Vereinfachung der Eingabe   zusammengefasst.

In der folgenden Tabelle kannst du die passenden Werte zu deinem Gerät finden. Falls dein Gerät nicht dabei sein sollte, findest du die Werte in der Bedienungsanleitung des Herstellers.

Canon

Speedlite 430EX II

Leistungsregelung:
1/1 bis 1/128

Zoomstufe:
24, 28, 35, 50, 70, 80, 105
(Streulicht 14 mm)

Leitzahl:
L: 31 bei 35mm - L: 43 bei 105mm*

Speedlite 580EX II

Leistungsregelung:
1/1 bis 1/128

Zoomstufe:
24, 28, 35, 50, 70, 80, 105
(Streulicht 14 mm)

Leitzahl:
L: 36 bei 35mm - L: 58 bei 105mm*

Speedlite 600EX

Speedlite 600EX-RT

Leistungsregelung:
1/1 bis 1/128

Zoomstufen:
20, 24, 28, 35, 50, 70, 80, 105, 135, 200
(Streulicht 14 mm)

Leitzahl:
L: 36 bei 35mm - L: 60 bei 105mm*

Leica

Blitzgerät SF 58

Leistungsregelung:
1/1 bis 1/256

Zoomstufen in mm:
24, 28, 35, 50, 75, 90, 105
(Streulicht 18 mm)

Leitzahl:
L: 35 bei 35mm - L: 58 bei 105mm*

* Vom Hersteller standardmäßig angegebener Wert

Metz

mecablitz 64 AF-1 digital

Leistungsregelung:
1/1 bis 1/128

Zoomstufen in mm:
24, 28, 35, 50, 70, 85, 105, 135, 180, 200
(Streulicht 12 mm)

Leitzahl:
L: 36 bei 35mm - L: 64 bei 200mm*

mecablitz 58 AF-2 digital

mecablitz 58 AF-1 digital

Leistungsregelung:
1/1 bis 1/128

Zoomstufen in mm:
24, 28, 35, 50, 70, 85, 105
(Streulicht 12 mm) (Streulicht 18 mm - bei AF-1 digital)

Leitzahl:
L: 35 bei 35mm - L: 58 bei 105mm*

mecablitz 52 AF-1 digital

Leistungsregelung:
1/1 bis 1/128

Zoomstufen in mm:
24, 28, 35, 50, 70, 85, 105
(Streulicht 12 mm)

Leitzahl:
L: 32 bei 35mm - L: 52 bei 105mm*

Nikon

Blitzgerät SB-900 / SB-910

Leistungsregelung:
1/1 bis 1/128

Zoomstufen in mm:
17, 18, 20, 24, 28, 35, 50, 70, 85, 105, 120, 135, 180, 200
(Streulicht 14 mm)

Leitzahl:
L: 35 bei 35mm* - L: 56 bei 200mm

Blitzgerät SB-800

Leistungsregelung:
1/1 bis 1/128

Zoomstufen in mm:
24, 28, 35, 50, 70, 85, 105
(Streulicht 14 mm)

Leitzahl:
L: 38 bei 35mm* - L: 56 bei 105mm

Blitzgerät SB-700

Leistungsregelung:
1/1 bis 1/128

Zoomstufen in mm:
24, 28, 35, 50, 70, 85, 105, 120
(Streulicht 14 mm)

Leitzahl:
L: 28 bei 35mm* - L: 38 bei 120mm

Nissin I

Di866 MARK II (Professional)

Leistungsregelung:
1/1 bis 1/128

Zoomstufen in mm:
24, 28, 35, 50, 70, 85, 105
(Streulicht 18 mm)

Leitzahl:
L: 40 bei 35mm - L: 60 bei 105mm*

Di700

Leistungsregelung:
1/1 bis 1/128

Zoomstufen in mm:
24, 28, 35, 50, 70, 85, 105, 130, 200
(Streulicht 16 mm)

Leitzahl:
L: 28 bei 35mm - L: 54 bei 200mm*

Di622 MARK II

Di600

Leistungsregelung:
1/1 bis 1/32

Zoomstufen in mm:
24, 28, 35, 50, 70, 85, 105
(Streulicht 16 mm)

Leitzahl:
L: 32 bei 35mm - L: 44 bei 105mm*

Nissin II

Di622 MARK II

Di600

Leistungsregelung:
1/1 bis 1/32

Zoomstufen in mm:
24, 28, 35, 50, 70, 85, 105
(Streulicht 16 mm)

Leitzahl:
L: 32 bei 35mm - L: 44 bei 105mm*

* Vom Hersteller standardmäßig angegebener Wert

Fußnote:

Auf Wikipedia findest du weitere Informationen und Formeln: www.wikipedia.org/wiki/Leitzahl.

GN ist die Abkürzung für „Guide Number" - der englische Ausdruck für Leitzahl - und wird in Fuß angegeben.

Falls du einen Fehler in der Geräteliste findest, oder ein Gerät fehlt, schreib uns bitte eine E-Email.

Sony

Sony F60M (HVL-F60M)

Leistungsregelung:
1/1 bis 1/128

Zoomstufen in mm:
24, 28, 35, 50, 70, 105
(Streulicht 15 mm)

Leitzahl:
L: 36 bei 35mm - L: 60 bei 105mm*

Sony F43M (HVL-F43M)

Leistungsregelung:
1/1 bis 1/128

Zoomstufen in mm:
24, 28, 35, 50, 70, 105
(Streulicht 15 mm)

Leitzahl:
L: 25 bei 35mm - L: 43 bei 105mm*

* Vom Hersteller standardmäßig angegebener Wert

Youngnuo

YN600EX-RT

Leistungsregelung:
1/1 bis 1/128

Zoomstufen in mm:
24, 28, 35, 50, 70, 80, 105, 135, 180, 200
(Streulicht 18 mm)

Leitzahl:
L: k. A. bei 35mm - L: 60 bei 200mm*

YN-568EX II
YN-565EX
YN-560-III
YN-560 Mark II

Leistungsregelung:
1/1 bis 1/128

Zoomstufen in mm:
24, 28, 35, 50, 70, 80, 105
(Streulicht 18 mm)

Leitzahl:
L: 39 bei 35mm - L: 58 bei 105mm*

YN-468 EX (Nikon)

Leistungsregelung:
1/1 bis 1/128

Zoomstufen in mm:
24, 28, 35, 50, 70, 85, 105
(Streulicht 18 mm)

Leitzahl:
L: 39 bei 35mm - L: 58 bei 105mm*

YN-468 II

Leistungsregelung:
1/1 bis 1/128

Zoomstufen in mm:
24, 28, 35, 50, 70, 85
(Streulicht 18 mm)

Leitzahl:
L: 33 bei 35mm* - L: bei 85mm nicht bekannt

YN-467 / YN-467 II

Leistungsregelung:
1/1 bis 1/64

Zoomstufen in mm:
24, 28, 35, 50, 70, 85
(Streulicht 18 mm)

Leitzahl:
L: 33 bei 35mm* - L: bei 85mm nicht bekannt

YN-460 II

Leistungsregelung:
1/1 bis 1/64

Zoomstufen in mm:
35 mm fix (kein Zoom)

Leitzahl:
L: 38 bei 35mm*

YN-460 II

Leistungsregelung:
1/1 bis 1/64

Zoomstufen in mm:
35 mm fix (kein Zoom)

Leitzahl:
L: 38 bei 35mm*

YN-460

Leistungsregelung:
1/1 bis 1/64

Zoomstufen in mm:
35 mm fix (kein Zoom)

Leitzahl:
L: 33 bei 35mm*

* Vom Hersteller standardmäßig angegebener Wert